KB053895

실속 100% 러시아어 중급 회화 2

랭기지플러스

머리말

이 교재는 1권과 마찬가지로 1년 정도 러시아어를 학습하여 러시아어의 기본 어휘와 문법을 알고 있는 학생들을 위하여 집필하였습니다. 회화 교재이기는 하지만, '주제'나 '상황'을 중심으로 다양한 대화문을 익히도록 하는 교재들과는 조금 다른 방식으로 구성되어 있습니다. 기본적으로 이 책은 필요한 어휘, 구문, 문법을 먼저 익히고, 그 후에 배운 어휘와 구문, 문법과 표현을 회화에 적극적으로 활용할 수 있도록 구성하였습니다. 주제별로 다양한 표현을 암기하는 식의 회화 학습도 도움이 되지만, 다년간 현장에서 학생들을 가르치며 절감하게 되는 것은 성인 학습자의 경우는 구문이나 문법, 어휘에 대한 명확한 이해가 있을 때 오히려 자신 있게 확산적인 말하기를 할 수 있다는 점입니다.

교재는 총 15과로 구성되어 있습니다.

먼저 1과는 학기를 시작하고 다시 만나게 된 친구들이 떨어져 있던 기간 동안 서로 어떤 일이 있었는지를 묻고 답하는 데 필요한 구문들을 익히고 이를 회화에 활용할 수 있도록 구성되어 있습니다. 2과에서는 직접인용문을 간접인용문으로 바꾸어 다양한 상황에서 회화에서 활용할 수 있도록 훈련합니다. 흔히 간접인용문 만들기는 문법에서 다룰 문제라고 생각하지만, 실제 회화에서 우리는 종종 타인의 말이나 어딘가에서 들은 정보를 간접인용문의 형태로 전하기 때문에 간접인용문은 중급 회화 과정에서는 반드시 자유롭게 구사할 수 있어야 하는 구문입니다.

3과와 4과에서는 '독백 말하기(монологическая речь)'를 배우고자 합니다. '회화' 하면 '대화'를 떠올리는 일반적인 생각과 달리 '독백'은 우리가 나누는 말의 상당한 부분을 차지합니다. 재미있게 읽은 책이나 영화의 내용을 전할 때, 자기의 생각이나 꿈을 전할 때 우리는 모두 짧은 '이야기', '독백 말하기'를 하게 됩니다. 이 과에서는 어떻게 읽은 글을 효과적으로 요약하여 전할 수 있는지 '다시 말하기(пересказ)'하는 법을 배우고, 이어 '나의 꿈'에 관한 '독백 말하기'를 실습해 보고자 합니다.

5~10과까지 총 여섯 개의 과에서는 '공식적인 말하기'를 익힙니다. 여러분의 러시아어 실력이 늘어갈 수록 러시아어로 나누는 대화의 주제가 일상 회화의 영역에 한정될 수 없다는 것을 알게 될 것입니다. 당장 여러분이 러시아로 교환학생을 가게 된다면 여러분은 국제교류처, 학과 사무실 등에서 필요한 서류를 제출하고, 받기도 해야 합니다. 여섯 개의 과에 걸쳐 우리는 여러분이 실생활에서 맞닥뜨릴 수 있는 '공식적 말하기'에 필요한 어휘, 구문, 문법을 읽히고 회화를 연습합니다.

11~15과에서는 '일상 정보'를 바탕으로 나누는 대화를 실습합니다. 집을 구하거나 환전을 하거나 여행사에서 여행 상품을 알아볼 때 나누는 대화는 공식적인 말하기는 아니지만 구체적인 정보를 바탕으로 나누는 대화입니다. 다섯 개의 과에서 우리는 이러한 대화를 나누는 데 필요한 구문과 어휘를 익힌 후 다양한 상황에서 회화에 적용해보고자 합니다.

어휘, 구문, 문법에 대한 명확한 이해를 바탕으로 다양한 회화를 실습할 수 있도록 구성된 본 교재가 여러분의 회화 실력을 한 단계 높은 차원으로 끌어올리는 데에 큰 도움이 되기를 바랍니다.

안지영, 갈리나 부드니코바

이 책의 특징

제1과
МЫ ДАВНО НЕ ВИДЕЛИСЬ!
오랫동안 못 만났네요!
핵심표현
Ты куда-нибудь ездил летом?
Я никуда не ездил, всё лето провёл дома.

핵심 표현

시작하기에 앞서 해당 단원의
핵심이 되는 표현을 우선 제시합니다.
각 과에서 배울 내용이 무엇인지 짚고 넘어가세요.

표현

학습에 필요한 어휘, 구문, 문법을 먼저 익히게 됩니다.
핵심 구문을 중심으로 다양한 예문을 포함합니다.

어휘-문법 1

-НИБУДЬ

그간의 문법 공부를 통해 여러분은 -ТО라는 소사와 -НИБУДЬ라는 소사가 의문사에 붙어서 다하게 사용될 수 있다는 것을 알고 있을 것입니다. 이 과에서는 -НИБУДЬ에 관한 문법 설명을 자하게 다루지는 않고, -НИБУДЬ라는 소사가 붙은 문장을 사용하여 자연스럽게 말할 수 있도록는 데에 중점을 두어 학습해 보고자 합니다.
어떤 문장에 소사 -НИБУДЬ가 사용되면, 그 문장의 주된 강조점은 -НИБУДЬ라는 단어보다는당 문장에서 -НИБУДЬ를 취한 동사에 놓이게 됩니다. 예를 들어 «Ты ездил куда-нибудь라고 물으면, '어디를 다녀왔는지'보다는 '다녀왔는지 아닌지'를 묻는 질문이 됩니다. 한국말로 번역

연습문제 1

-НИБУДЬ가 사용된 다음 문장을 완성해 보세요.

1. Ты что-нибудь __________ ?
2. Купи, пожалуйста, какие-нибудь __________ .
3. У кого-нибудь __________ ?
4. Вы когда-нибудь __________ ?
5. Поставь куда-нибудь __________ .
6. Принеси, пожалуйста, какой-нибудь __________ .
7. Вы кого-нибудь __________ ?

주의하세요!

КТО-НИБУДЬ와 ЧТО-НИБУДЬ의 격변화

куда-нибудь, где-нибудь 등의 의문부사가 격변화하지 않는 것과 달리 кто-нибудь, что-нибудь 등 의문대명사는 격변화를 합니다. 아래의 표를 보고 의문대명사의 격변화를 꼼꼼하게 익혀 보세요.

주격	кто-нибудь	что-нибудь
생격	(у/около…) кого-нибудь	(у/около…) чего-нибудь
여격	кому-нибудь	чему-нибудь
대격	кого-нибудь	что-нибудь
조격	(с) кем-нибудь	(с) чем-нибудь
전치격	(о) ком-нибудь	(о) чём-нибудь

연습문제

배운 내용을 확실하게 익혔는지 연습문제를 통해 점검해 볼 수 있습니다. 충분히 말하기 연습을 해 보세요.

주의하세요!

표현 상에서 주의해야 할 부분을 표시하였습니다.

회화

앞서 다룬 구문 표현 및 문법을 적용한 회화문을 제시합니다. 일상생활에서 접할 수 있는 내용을 중심으로 구성했습니다. 음성 파일을 통해 청취 연습도 가능합니다.

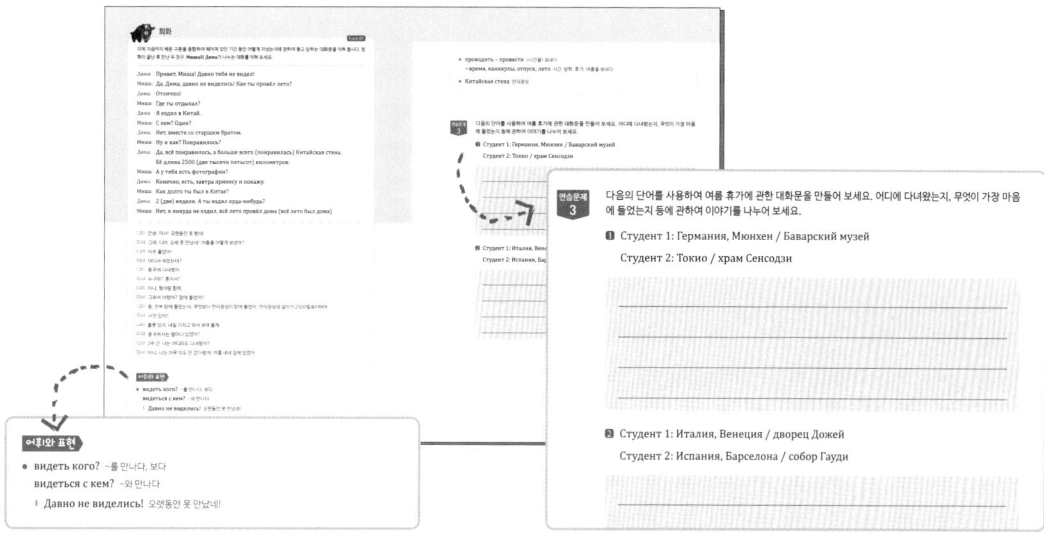

어휘와 표현
• видеть кого? ~를 만나다, 보다
видеться с кем? ~와 만나다
! Давно не виделись! 오랫동안 못 만났네!
연습문제 3
다음의 단어를 사용하여 여름 휴가에 관한 대화문을 만들어 보세요. 어디에 다녀왔는지, 무엇이 가장 마음에 들었는지 등에 관하여 이야기를 나누어 보세요.
❶ Студент 1: Германия, Мюнхен / Баварский музей
Студент 2: Токио / храм Сенсодзи
❷ Студент 1: Италия, Венеция / дворец Дожей
Студент 2: Испания, Барселона / собор Гауди

어휘와 표현

회화에서 다룬 내용 중 별도로 알아 두어야 할 부분을 설명하여 심도 깊게 학습할 수 있습니다.

연습문제

자연스러운 회화 실력을 향상시킬 수 있도록 학습 과제를 제시합니다.

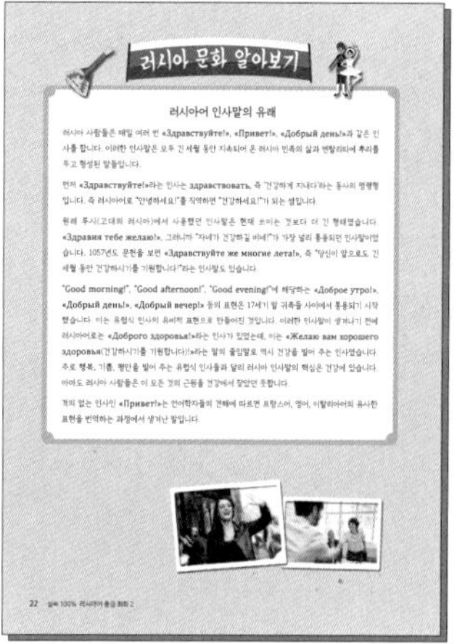

문화

한 과가 끝날 때마다 러시아 문화 이야기를 담았습니다. 러시아에 대한 생생한 정보를 읽으면서 좀 더 러시아에 친숙해질 수 있습니다.

음성 자료 [회화] 내용을 원어민 음성으로 들어 볼 수 있습니다. www.sisabooks.com에서 음성 파일을 다운 받아 학습할 수 있습니다. 청취 실력도 기르고 발음 연습도 해 보세요.

학습 구성표

	제목	목표 문법	회화 포인트
1	오랫동안 못 만났네요!	-НИБУДЬ 표현, 부정어를 사용한 부정 표현 익히기 간접인용문 활용 복습하기	여행 다녀온 감상 나누기
2	늦어서 미안합니다! 도와주셔서 감사합니다!	인사, 작별, 사과, 감사문을 간접인용문으로 바꾸기	감사와 사과, 인사 전하기
3	이 텍스트에는 ~에 관한 이야기가 실려 있습니다.	요약하여 다시 말하기(краткий пересказ) 방법 익히기	읽은 텍스트를 자기 말로 전하기
4	당신은 무엇을 꿈꾸십니까?	мечтать, хотеть, хотеться 동사를 사용한 단일 주어 구문과 복수 주어 구문 익히기	꿈에 관하여 이야기하기
5	러시아어학과에 입학했으면 합니다.	학과/학부 관련 조어 익히기 동사의 명사화와 그 활용 익히기	학과 사무실에서 대화 나누기
6	입학을 위해 어떤 서류가 필요한가요?	Что нужно для (чего?) Что нужно для того, чтобы···	서류 작성을 위한 정보 구하기
7	계약서에 만족하시나요?	(кого?) устраивает (кто? - что?) писать 계열 동사 익히기	(кого?) устраивает (кто? – что?) 구문과 писать 계열 동사를 대화에 활용하기
8	몇 가지 질문을 드려도 될까요?	можно, мочь – смочь 구문 익히기	можно, мочь – смочь 구문과 동사를 대화에 활용하기

목차

제1과

МЫ ДАВНО НЕ ВИДЕЛИСЬ!

오랫동안 못 만났네요!

핵심 표현

- Ты куда-нибудь ездил летом?
  너는 여름에 어디라도 다녀왔니?
- Я никуда не ездил, всё лето провёл дома.
  나는 아무 데도 안 갔어. 여름 내내 집에서 시간을 보냈어.

방학이나 여행, 유학 등의 이유로 오랜 시간 떨어져 있다가 만나게 되면 사람들은 보통 헤어져 있던 기간 동안 어떻게 지냈는지에 관하여 이야기를 나눕니다.
1과에서는 특히 куда-нибудь라는 -нибудь 표현과 никуда, ничего 등 부정어 표현을 익히고 여기서 파생될 수 있는 다양한 구문을 연습하여 오래간만에 만난 사람과 나눌 수 있는 대화문에 적용해 보도록 합시다.

-НИБУДЬ

그간의 문법 공부를 통해 여러분은 -ТО라는 소사와 -НИБУДЬ라는 소사가 의문사에 붙어서 다양하게 사용될 수 있다는 것을 알고 있을 것입니다. 이 과에서는 -НИБУДЬ에 관한 문법 설명을 자세하게 다루지는 않고, -НИБУДЬ라는 소사가 붙은 문장을 사용하여 자연스럽게 말할 수 있도록 하는 데에 중점을 두어 학습해 보고자 합니다.

어떤 문장에 소사 -НИБУДЬ가 사용되면, 그 문장의 주된 강조점은 -НИБУДЬ라는 단어보다는 해당 문장에서 -НИБУДЬ를 취한 동사에 놓이게 됩니다. 예를 들어 «Ты ездил куда-нибудь?» 라고 물으면, '어디를 다녀왔는지'보다는 '다녀왔는지 아닌지'를 묻는 질문이 됩니다. 한국말로 번역하여 생각해 보면, "너 어디라도 다녀왔어?" 정도의 문장이 되겠지요.

КТО-НИБУДЬ(누구든, 누구라도), ЧТО-НИБУДЬ(무엇이든, 무엇이라도), ГДЕ-НИБУДЬ(어디든, 어디라도), КАКОЙ-НИБУДЬ(어떤 ~이든, 어떤 ~라도) 등도 모두 유사한 맥락에서 해석될 수 있습니다. 의문사와 결합하는 -НИБУДЬ는 의문문이나 명령문에서 사용됩니다.

- **Ты кому-нибудь говорил об этой проблеме?**
  너 누구에게(라도) 이 문제에 대해 말했어?
- **Вы с кем-нибудь познакомились в Москве?**
  모스크바에서 알게 되신 분이 있나요? (직역: 당신은 모스크바에서 누구하고라도 서로 인사를 하셨나요?)
- **Ты где-нибудь отдыхал летом?**
  여름에 어디서(라도) 쉬었어?
- **Мой телефон сломался. Кто-нибудь дайте, пожалуйста, свой телефон, мне надо срочно позвонить.**
  내 전화기가 고장 났어. 누구든 나한테 전화기 좀 빌려 줘라. 급하게 전화를 걸어야 하거든.
- **Приготовь на ужин что-нибудь вкусное.** 저녁으로 뭐든 맛있는 것 좀 해 줘.
- **Давай поужинаем в каком-нибудь хорошем ресторане.**
  어디든 좋은 식당에서 저녁 먹읍시다.
- **Тебе надо хорошо отдохнуть, на каникулах обязательно поезжай куда-нибудь.**
  넌 잘 쉬어야 하니 방학 중에 꼭 어디든 다녀와.

-НИБУДЬ가 사용된 다음 문장을 완성해 보세요.

1. Ты что-нибудь ________________________________?
2. Купи, пожалуйста, какие-нибудь ________________________________.
3. У кого-нибудь ________________________________?
4. Вы когда-нибудь ________________________________?
5. Поставь куда-нибудь ________________________________.
6. Принеси, пожалуйста, какой-нибудь ________________________________.
7. Вы кого-нибудь ________________________________?

주의하세요!

КТО-НИБУДЬ와 **ЧТО-НИБУДЬ**의 격변화

куда-нибудь, где-нибудь 등의 의문부사가 격변화하지 않는 것과 달리 кто-нибудь, что-нибудь 등의 의문대명사는 격변화를 합니다. 아래의 표를 보고 의문대명사의 격변화를 꼼꼼하게 익혀 보세요.

주격	кто-нибудь	что-нибудь
생격	(у/около···) кого-нибудь	(у/около···) чего-нибудь
여격	кому-нибудь	чему-нибудь
대격	кого-нибудь	что-нибудь
조격	(с) кем-нибудь	(с) чем-нибудь
전치격	(о) ком-нибудь	(о) чём-нибудь

부정어를 사용한 부정 표현

- 부정어를 부정하면 긍정이 되기에 never나 nothing 등 부정어가 오면 문장 안에 not을 함께 쓰지 않는 영어와 달리 러시아어는 문장 안에 부정어가 있어도 **не**를 사용합니다. 즉 **НИЧТО, НИКТО, НИГДЕ, НИКУДА, НИКАК, НИКОГДА** 등의 부정어는 **не**와 함께 쓰여 부정 문장을 만듭니다.

  - **Я ничего не ел.** 나는 아무것도 안 먹었어.
  - **Я никого не знаю.** 나는 아무도 몰라.
  - **Я нигде не работаю.** 나는 어디서도 일하지 않아.

- 또, 전치사가 올 경우에는 전치사가 부정어 **ни**와 의문사 사이에 들어가게 됩니다.

  - **Он ни с кем не разговаривает.** 그는 누구와도 대화를 나누지 않는다.

- 질문에 부정어를 사용하여 답하는 다음의 예를 살펴보고, 빈칸이 있는 경우는 부정어를 사용하여 답해 보세요.

1. - Куда ты ходил?
   - Я никуда не ходил.
2. - Где ты был?
   - Я нигде не был.
3. - Когда папа отдыхает?
   - ______________________________.
4. - Кого ты встретил в кафе?
   - ______________________________.
5. - Кому ты звонил вечером?
   - ______________________________.
6. - С кем ты познакомился в Москве?
   - Я ни с кем не познакомился.
7. - О чём ты думаешь?
   - ______________________________.

8 - К кому вы ездили в субботу?

- ____.

9 - Что ты купил?

- Я ничего не купил.

10 - Что ты ел утром?

- ____.

11 - Что ты делал вчера вечером?

- ____.

12 - Что тебе понравилось больше всего?

- Мне ничего не понравилось.

13 - Какая музыка тебе нравится

- ____.

14 - У кого есть словарь?

- Ни у кого нет словаря.

15 - У кого есть свободное время?

- ____.

16 - У кого есть лишняя ручка?

- ____.

17 - Кто здесь (есть)?

- Здесь никого нет.

3 Папа никогда не отдыхает
4 Я никого не встретил в кафе
5 Я никому не звонил вечером
7 Я ни о чём не думаю
8 Мы ни к кому не ездили
10 Я ничего не ел
11 Я ничего не делал
13 Мне никакая музыка не нравится
15 Ни у кого нет свободного времени
16 Ни у кого нет лишней ручки

앞서 배운 형식에 따라 짧은 대화문을 만들어 보세요.

보기

- Куда ты ездил летом? 여름에 어디 갔다 왔어?
- Я никуда не ездил. 난 아무 데도 안 갔다 왔어.
- Почему ты никуда не ездил? 왜 아무 데도 안 갔다 왔어?
- Потому что у меня не было денег. 돈이 없었거든.
- Потому что я все каникулы готовился к экзамену по английскому языку. 나는 방학 내내 영어 시험 준비를 했거든.

1 - Где ты был в субботу и в воскресенье (в выходные дни)?

- ______
- ______
- ______
- ______

2 - Какие стихи тебе нравятся больше всего?

- ______
- ______
- ______
- ______

3 - Я слышал, что ты был в Пусане на кинофестивале. Какой фильм тебе понравился больше всего?

- ______
- ______
- ______
- ______

4 - Что ты приготовила на ужин?

- ____________________

- ____________________

- ____________________

- ____________________

5 - У Светы завтра день рождения. Что ты подаришь ей?

- ____________________

- ____________________

- ____________________

6 - На ком хочет жениться Виктор?

- ____________________

- ____________________

- ____________________

- ____________________

회화

Track 01

이제 지금까지 배운 구문을 종합하여 헤어져 있던 기간 동안 어떻게 지냈는지에 관하여 묻고 답하는 대화문을 익혀 봅시다. 방학이 끝난 후 만난 두 친구, **Миша**와 **Дима**가 나누는 대화를 익혀 보세요.

Дима: Привет, Миша! Давно тебя не видел!

Миша: Да, Дима, давно не виделись! Как ты провёл лето?

Дима: Отлично!

Миша: Где ты отдыхал?

Дима: Я ездил в Китай.

Миша: С кем? Один?

Дима: Нет, вместе со старшим братом.

Миша: Ну и как? Понравилось?

Дима: Да, всё понравилось, а больше всего (понравилась) Китайская стена. Её длина 2500 (две тысячи пятьсот) километров.

Миша: А у тебя есть фотографии?

Дима: Конечно, есть, завтра принесу и покажу.

Миша: Как долго ты был в Китае?

Дима: 2 (две) недели. А ты ездил куда-нибудь?

Миша: Нет, я никуда не ездил, всё лето провёл дома (всё лето был дома)

디마: 안녕, 미샤! 오랫동안 못 봤네!

미샤: 그래, 디마, 오래 못 만났네! 여름을 어떻게 보냈어?

디마: 아주 좋았어!

미샤: 어디서 쉬었는데?

디마: 중국에 다녀왔어.

미샤: 누구와? 혼자서?

디마: 아니, 형이랑 함께.

미샤: 그래서 어땠어? 맘에 들었어?

디마: 응, 전부 맘에 들었는데, 무엇보다 만리장성이 맘에 들었어. 만리장성의 길이가 2500킬로미터야.

미샤: 사진 있어?

디마: 물론 있지. 내일 가지고 와서 보여 줄게.

미샤: 중국에서는 얼마나 있었어?

디마: 2주 간. 너는 어디라도 다녀왔어?

미샤: 아니, 나는 아무 데도 안 갔다왔어. 여름 내내 집에 있었어.

어휘와 표현

- видеть кого? ~를 만나다, 보다
  видеться с кем? ~와 만나다
  ❙ Давно не виделись! 오랫동안 못 만났네!
- проводить – провести (시간을) 보내다
  ~время, каникулы, отпуск, лето 시간, 방학, 휴가, 여름을 보내다
- Китайская стена 만리장성

다음의 단어를 사용하여 여름 휴가에 관한 대화문을 만들어 보세요. 어디에 다녀왔는지, 무엇이 가장 마음에 들었는지 등에 관하여 이야기를 나누어 보세요.

1. Студент 1: Германия, Мюнхен / Баварский музей
   Студент 2: Токио / храм Сенсодзи

2. Студент 1: Италия, Венеция / дворец Дожей
   Студент 2: Испания, Барселона / собор Гауди

간접 화법

이 책의 제 1권의 11과와 12과에서 직접인용문을 간접인용문으로 바꾸는 법을 배웠습니다. 여러분이 간접인용문으로 바꾸었던 문형은 평서문, 의문문(의문사가 있는 의문문, 의문사가 없는 의문문), 명령문, 청유문 등입니다. 먼저 그 유형을 복습해 봅시다.

1 평서문

Друг сказал: «Я никуда не ездил летом».
→ Друг сказал, что он никуда не ездил летом.

2 의문문

1) 의문사가 있는 의문문

Антон спросил Вадима: «Где ты учишься?»
→ Антон спросил Вадима, где он учится.

2) 의문사가 없는 의문문

Сергей спросил Нину: «Ты поедешь на экскурсию?»
→ Сергей спросил Нину, поедет ли она на экскурсию.

3 명령문

Студент попросил преподавателя: «Повторите, пожалуйста, вопрос».
→ Студент попросил преподавателя повторить вопрос.
→ Студент попросил преподавателя, чтобы он повторил вопрос.
→ Студент попросил, чтобы преподаватель повторил вопрос.

이 대표적인 세 가지 구문 외에도 여러분이 간접인용문과 관련하여 배운 모든 내용을 [별표 1]에 정리해 두었으니 명확히 기억나지 않으면 반드시 [별표 1]을 참조하여 복습하고 다음의 연습문제를 풀어 보세요.

연습문제 4

주어진 대화문을 읽어 보세요. 이 대화문은 앞에서 여러분이 보았던 대화문을 약간 짧게 줄인 것입니다. 읽고 익힌 후 이를 간접인용문으로 바꾸어 전해 보세요.

Олег: Как ты провёл каникулы?
Вадим: Отлично!
Олег: Где ты отдыхал?
Вадим: Я ездил в Китай.
Олег: Тебе понравился Китай?
Вадим: Очень понравился.
Олег: Что тебе понравилось больше всего?
Вадим: Больше всего понравилась Китайская стена.
Олег: У тебя есть фотографии?
Вадим: Да, есть. Завтра я принесу. А где ты отдыхал?
Олег: Я никуда не ездил, всё лето провёл дома.

주의하세요!

대화문을 간접인용문으로 바꿀 때 주의할 점

❶ 의문문 앞에 있는 접속사 а(예를 들어, **«А ты ездил куда-нибудь?»**)는 간접인용문으로 옮길 때 쓰지 않습니다.

❷ **Да, Нет**과 같은 대답은 간접인용문으로 옮기지 않습니다.

❸ 직접인용문을 간접인용문으로 바꿀 때 꼭 **говорить – сказать** 동사만 사용하는 것은 아닙니다. 간접인용문으로 바꿀 문장이 질문에 대한 대답일 때는 종종 **отвечать – ответить** 동사를 사용하기도 합니다.

Олег: Где ты отдыхал?
Вадим: Я ездил в Китай.
→ Олег спросил Вадима, где он отдыхал. Вадим ответил, что он ездил в Китай.

❹ 대화문을 간접인용문으로 옮길 때 이름은 매번 반복하지 않고 대명사로 받아 줍니다.

Олег: Как ты провёл каникулы?
Вадим: Отлично!
Олег: Где ты отдыхал?
Вадим: Я ездил в Китай.
Олег: Тебе понравился Китай?

→ Олег спросил Вадима, как он провёл каникулы. Вадим ответил, что отлично. Олег спросил, где он отдыхал. Вадим ответил, что (он) ездил в Китай. Олег спросил, понравился ли Вадиму Китай.

대명사도 너무 자주 반복하거나, 대화를 하는 사람과 대화의 내용에서 언급되는 사람이 동성일 경우에는 혼란을 야기할 수 있습니다.

- Олег: У тебя есть фотографии?
- Вадим: Да, есть. Завтра я принесу. А где ты отдыхал?

예를 들어 위의 대화문을 아래와 같이 옮기는 것은 바람직하지 못합니다.
[틀린 예]

Олег спросил Вадима, есть ли у него фотографии. Вадим ответил, что есть, завтра он принесёт, и спросил, где он отдыхал.

이 경우는 아래와 같이 바꾸어 주는 것이 혼란을 줄이고 의미를 명확하게 전달할 수 있습니다.
[바른 예]

Олег спросил Вадима, есть ли у него фотографии.

а) Вадим ответил, что есть, завтра он принесёт, и спросил, где Олег отдыхал.

б) Вадим ответил, что есть, завтра он принесёт, и спросил Олега, где он отдыхал.

직접인용문을 간접인용문으로 바꾸어 보세요. 필요하면 [별표 1]을 참조하세요.

1. Мила – Надя: «Завтра в 6 часов в студенческом клубе будет встреча с молодым поэтом. А ты пойдёшь?»

2. Жена – муж: «Почему ты никогда не отдыхаешь? Ты должен всегда думать о своём здоровье».

3. Гид – туристы: «Вчера вы осмотрели главные достопримечательности Москвы. Что вам понравилось больше всего?»

4. Софья: «Маша, я забыла дома телефон, а мне надо срочно позвонить. Дай мне, пожалуйста, телефон на минуту».

5 Валя: Олег, давай сыграем в шахматы.

Олег: А я не умею играть в шахматы.

6 Виктор: У тебя есть время? Помоги мне, пожалуйста, написать текст по-английски.

Антон: Да, сейчас я свободен. С удовольствием помогу.

7 Марина: Ты не знаешь, как добраться до консерватории?

Виктор: Поезжай сначала на автобусе № 34 до остановки «Детский парк», потом тебе надо пересесть на метро.

8 Соня: Давай скажем об этой проблеме папе, потому что он обязательно даст хороший совет.

Дима: Нет, давай не будем говорить об этом папе.

다음 질문에 답하세요.

1 - Как хорошо ты выглядишь! Где ты отдыхала летом?

- ______________________________

2 - Я слышала, что ты ездил в Испанию. С кем? Как долго был там?

- ______________________________

3 - Я слышала, что ты была в Японии? Ну и как, понравилось?

- ______________________________

4 - Ты сказал, что тебе понравился Париж? А что понравилось больше всего?

- ______________________________

5 - Твои родители и сестра летом отдыхали на море, а почему ты не ездил с ними на море?

- ______________________________

러시아 문화 알아보기

러시아어 인사말의 유래

러시아 사람들은 매일 여러 번 «Здравствуйте!», «Привет!», «Добрый день!»과 같은 인사를 합니다. 이러한 인사말은 모두 긴 세월 동안 지속되어 온 러시아 민족의 삶과 멘탈리티에 뿌리를 두고 형성된 말들입니다.

먼저 «Здравствуйте!»라는 인사는 здравствовать, 즉 '건강하게 지내다'라는 동사의 명령형입니다. 즉 러시아어로 "안녕하세요!"를 직역하면 "건강하세요!"가 되는 셈입니다.

원래 루시(고대의 러시아)에서 사용했던 인사말은 현재 쓰이는 것보다 더 긴 형태였습니다. «Здравия тебе желаю!», 그러니까 "자네가 건강하길 비네!"가 가장 널리 통용되던 인사말이었습니다. 1057년도 문헌을 보면 «Здравствуйте же многие лета!», 즉 "당신이 앞으로도 긴 세월 동안 건강하시기를 기원합니다!"라는 인사말도 있습니다.

"Good morning!", "Good afternoon!", "Good evening!"에 해당하는 «Доброе утро!», «Добрый день!», «Добрый вечер!» 등의 표현은 17세기 말 귀족들 사이에서 통용되기 시작했습니다. 이는 유럽식 인사의 유비적 표현으로 만들어진 것입니다. 이러한 인사말이 생겨나기 전에 러시아어로는 «Доброго здоровья!»라는 인사가 있었는데, 이는 «Желаю вам хорошего здоровья(건강하시기를 기원합니다)!»라는 말의 줄임말로 역시 건강을 빌어 주는 인사였습니다. 주로 행복, 기쁨, 평안을 빌어 주는 유럽식 인사들과 달리 러시아 인사말의 핵심은 건강에 있습니다. 아마도 러시아 사람들은 이 모든 것의 근원을 건강에서 찾았던 듯합니다.

격의 없는 인사인 «Привет!»는 언어학자들의 견해에 따르면 프랑스어, 영어, 이탈리아어의 유사한 표현을 번역하는 과정에서 생겨난 말입니다.

제 2 과

ИЗВИНИТЕ ЗА ОПОЗДАНИЕ! СПАСИБО ЗА ПОМОЩЬ!

늦어서 미안합니다! 도와주셔서 감사합니다!

핵심 표현

- Вера извинилась перед Мишей за опоздание.
  베라는 미샤에게 늦은 것에 대해 사과했다.
- Соня поблагодарила Андрея за помощь.
  소냐는 안드레이에게 도와주어서 고맙다고 했다.

1과에서 평서문, 인용문, 청유문 등 여러 가지 문형을 간접인용문으로 변형시켜 보았습니다. 2과에서는 만날 때 나누는 인사, 헤어질 때 나누는 인사, 감사 인사, 사과의 말 등을 간접인용문으로 어떻게 전하는지 배우고 그것을 회화로 연습해 보고자 합니다. 직접인용문에서 «Спасибо!», «Здравствуйте!» 등으로 표현되는 다양한 감사, 안부 인사를 간접인용문으로 옮기려면 특별한 동사들을 사용해야 합니다.

어휘-문법 1

인사, 감사, 사과의 말을 간접인용문으로 바꾸기

- 인사, 감사, 사과의 말을 간접인용문으로 바꾸기 위해서는 다음 동사를 알아야 합니다.

  - **здороваться – поздороваться** – с кем? 인사하다
  - **прощаться – попрощаться** – с кем? 작별하다
  - **благодарить – поблагодарить** – кого? за что? 감사하다
  - **извиняться – извиниться** – перед кем? за что? 사과하다

  이 동사들은 만났을 때 하는 인사(«Здравствуйте!», «Привет!», «Добрый день!»)나 헤어질 때 하는 인사(«До свидания!», «До завтра!», «До встречи!»), 또는 감사 인사(«Спасибо!»)나 사과의 말(«Извините!», «Простите!») 등을 직접인용문에서 간접인용문을 바꿀 때 사용됩니다.

- 아래의 예문을 보고, 이 동사들을 사용하여 어떻게 간접인용문을 만들 수 있는지 살펴봅시다. 예문을 보면 알 수 있듯이, 인사말이나 사과의 말, 감사의 말을 간접문으로 만들 때는 평서문, 의문문을 간접인용문으로 바꿀 때 사용하는 일반적인 방법대로 만들지 않고, 앞서 살핀 동사들을 사용하여 표현해야 합니다.

  - Света сказала: «Привет, Максим!» → Света поздоровалась с Максимом.
  - Света сказала: «Привет, Максим!»
Максим сказал: «Здравствуй, Света!»] Света и Максим поздоровались.

- «Света сказала, что привет Максим.»* 같이 옮기면 이는 비문이 됩니다. 감사 인사의 경우도 마찬가지입니다.

  - Мила сказала профессору: «Спасибо за помощь!»
→ Мила поблагодарила профессора за помощь.

  이를 «Мила сказала профессору, что спасибо за помощь.»*라고 말하면 비문이 됩니다.

다음 문장을 간접인용문으로 바꾸어 보세요.

❶ Сергей сказал: «До свидания, Наташа!»

→ ______________________________

❷ Сергей сказал: «До свидания, Наташа!»

Наташа сказала: «До завтра, Сергей!»

→ ______________________________

❸ Маша сказала: «Соня, извини, пожалуйста, за опоздание».

→ ______________________________

다음의 대화를 읽고 익혀서 대화를 나누어 보고 이를 간접문 형식으로 말해 보세요.

Маша: Здравствуйте, профессор!

Профессор: Добрый день, Маша!

Маша: Извините, профессор, за то, что завтра я не смогу прийти на вашу лекцию.

Профессор: А что случилось?

Маша: Мой отец приедет из Америки, и мне надо встретить его в аэропорту.

Профессор: Всё понимаю. Вам надо будет выучить диалог на странице 45.

Маша: Спасибо. Ещё раз извините. До свидания.

Профессор: Всего доброго!

마샤: 안녕하세요, 교수님!

교수: 안녕, 마샤!

마샤: 죄송합니다, 교수님, 내일 제가 교수님 강의에 출석할 수가 없습니다.

교수: 무슨 일이지요?

마샤: 저의 아버지가 미국에서 오세요. 제가 공항에서 아버지 마중을 해야 해서요.

교수: (어떤 상황인지) 다 이해하겠습니다. (수업에 빠지게 되었으니) 45쪽에 있는 대화문을 암기해 오셔야 합니다.

마샤: 감사합니다. 다시 한 번 죄송합니다. 안녕히 계세요.

교수: 잘 가요!

사과 표현

모든 언어에는 사과를 전하는 말과 사과에 답하는 말이 있습니다. 일반적으로 사과를 받았을 때는 상대방이 사과한 일이 나에게 큰 불편을 끼치지 않았다고 답합니다. 아래에는 사과와 관련된 러시아어의 언어 에티켓이 정리되어 있습니다. 잘 익혀서 러시아어로 이야기를 나누는 다양한 상황에서 사용해 봅시다.

사과 표현	사과에 대한 응대 표현
Извините, пожалуйста. 미안합니다. Простите, пожалуйста. 죄송합니다. Извините за опоздание / за ошибку. 늦어서 / 실수를 저질러서 죄송합니다. Извини за то, что не позвонил тебе вчера, как обещал. 어제 약속한 대로 전화하지 못해서 미안해.	Пожалуйста. 괜찮습니다. Ничего. 괜찮아요. Ничего страшного. 별일 아닙니다. (Я) понимаю. (Я) всё понимаю. 이해합니다. 전부 이해합니다.

물론 모든 상황에서 '괜찮습니다', '별일 아닙니다'라고 대답할 수는 없겠지요. 내가 받은 사과의 내용이 심각할 경우 다음과 같이 응대할 수도 있습니다.

- **Сегодня прощаю, но больше так не делай.**
  오늘은 용서하겠지만, 더 이상은 그러지 마라.

주어진 상황에 따른 짧은 대화문을 만들어 보세요. 이때 앞서 배운 사과와 사과에 대한 응대 표현을 사용하세요.

1. Мама попросила вас помочь ей приготовить ужин, но вы не помогли. Извинитесь, объясните причину. Предложите помочь маме в другой день.

____

____

____

2 Утром вы получили смс (смску) от подруги, но вы смогли написать ответ только вечером. Извинитесь перед подругой, объясните, почему вы не ответили сразу.

____

____

____

3 Вчера было Рождество, но вы не поздравили школьного друга. Позвоните ему, извинитесь перед ним, объясните причину и поздравьте с Рождеством.

____

____

____

4 Придумайте свою ситуацию, напишите маленький диалог.

____

____

____

주의하세요!

СМС, СМСКА

단문 메시지를 뜻하는 Short Message Service의 약어인 SMS를 러시아어로 СМС라고 합니다. 때로는 여기에 지소형 -КА를 붙여 СМСКА라고 하는데, 이 단어는 여성 명사처럼 변합니다.

- Вчера я получила смску от Антона. 어제 나는 안톤에게서 문자를 받았어.

어휘-문법 3

감사 표현

다음은 러시아어 감사 표현과 감사에 대한 응대 표현을 정리한 것입니다. 다양한 표현을 익혀서 적절하게 사용해 보세요.

감사 표현	감사에 대한 응대 표현
Спасибо / Большое спасибо! 감사해요! / 대단히 감사합니다! Спасибо за помощь / за совет / за подарок / за понимание / за комплимент / за информацию / за внимание! 도움을 주셔서 / 충고해 주셔서 / 선물을 주셔서 / 이해해 주셔서 / 칭찬해 주셔서 / 정보를 주셔서 / 집중해 주셔서 감사합니다! Спасибо за то, что помог мне перевести текст. 텍스트를 번역할 수 있도록 도와주셔서 감사합니다.	Пожалуйста. 별말씀을요. Не стоит. 별일 아닙니다. Не за что. 별것 아닙니다. Мне было не трудно. 별일 아니었어요.

위의 감사 표현 중 «Спасибо за внимание!»는 강의나 발표 끝에 연사가 청중에게 하는 말로 사용됩니다.

연습문제 4

주어진 상황을 읽고 감사의 표현을 사용하여 짧은 대화문을 만들어 보세요.

1 Друг поздравил вас с днём рождения, пожелал здоровья и счастья. Поблагодарите его.

2 У вас большие проблемы. Вы рассказали о них другу, который внимательно выслушал вас и дал несколько советов. Поблагодарите друга.

3 Вы позвонили в туристическую фирму и задали несколько вопросов о поездке в Европу. Сотрудник фирмы подробно ответил на все вопросы. Поблагодарите его.

4 Придумайте свою ситуацию, составьте небольшой диалог.

회화

Track 02

Вася: Привет, Петя!

Петя: Здравствуй, Вася!

Вася: У меня есть билеты на матч «Волга» - «Рубин». Давай пойдём вместе.

Петя: А когда и где будет матч?

Вася: В субботу в 6 часов на стадионе «Динамо». У тебя будет время?

Петя: Да, я буду свободен. Как ты думаешь, кто выиграет?

Вася: Наверное, выиграет «Рубин», потому что в мае «Рубин» уже выиграл у «Волги» (со счётом) 2:4

Петя: А в июле они сыграли вничью (со счётом) 1:1, в последнее время «Волга» тоже играет очень хорошо.

Вася: Тогда предлагаю пари. Если «Рубин» проиграет «Волге», я угощаю тебя пивом.

Петя: А если «Рубин» выиграет, я угощаю.

Вася: Тогда готовь пиво! Я уверен, что «Рубин» победит! Ну, до субботы!

Петя: До встречи!

바샤: 안녕, 페챠!

페챠: 안녕, 바샤!

바샤: 나한테 '볼가 vs. 루빈' 경기 표가 있어. 같이 가자.

페챠: 경기가 언제, 어디서 열리는데?

바샤: 토요일 6시에 '디나모' 경기장에서. 너는 시간이 있니?

페챠: 응, 나는 시간 돼. 네 생각에는 누가 이길 것 같아?

바샤: 아마 '루빈'이 이길 거야. 왜냐하면 5월에 '루빈'은 이미 '볼가'를 2 대 4로 이겼거든.

페챠: 7월에는 1:1로 비겼었어. 그리고 최근에 '볼가'도 아주 잘하고 있어.

바샤: 그럼 내기 하자. '루빈'이 '볼가'에 지면 내가 맥주 살게.

페챠: '루빈'이 이기면, 내가 쏘지.

바샤: 그럼 맥주 준비해라! 난 '루빈'이 이길 거라고 확신해! 자, 그럼 토요일에 보자!

페챠: 잘 가!

어휘와 표현

- **пари** 내기
- **билет** 티켓
  영화표, 공연 표, 기차표 등의 목적을 분명히 할 때 러시아어로는 '**билет + в / на** + 목적지의 대격'의 표현을 사용합니다. 이때 '~로'라는 방향을 표현할 때 전치사 **в**를 취하는 명사의 경우는 **билет** 다음에도 전치사 **в**를 쓰고, '~로'라는 방향을 표현할 때 전치사 **на**를 쓰는 명사의 경우는 **билет** 다음에도 **на**를 씁니다. 즉 **«Я иду на балет.»**이기 때문에 **«билет на балет»**가 되고, **«Я иду в кино.»**이기 때문에 **«билет в кино»**가 됩니다.

- **билет на** балет / на спектакль / на концерт / на выставку / на матч
  발레 표 / 공연 표 / 콘서트 표 / 전시회 표 / 경기 관람 표
  - **билет в** кино / в театр / в музей
    영화 티켓 / 극장 티켓 / 박물관 티켓

- свободен, свободна, свободны 여유가 있다, 자유롭다(단어미형 형용사)
  - Сейчас я свободен / свободна. 지금 나는 여유가 있다.
  - Вчера я был свободен / была свободна. 어제 나는 여유가 있었다.
  - Завтра я буду свободен / свободна. 내일 나는 여유가 있을 것이다.

- выиграть(СВ) 이기다 : выиграть у кого?
  проиграть(СВ) 지다 : проиграть кому?
  сыграть(СВ) вничью 비기다 : сыграть вничью с кем?
  - «Рубин» выиграл у «Волги». '루빈'은 '볼가'에 이겼다.
  - «Рубин» проиграл «Волге». '루빈'은 '볼가'에 졌다.
  - «Рубин» и «Волга» сыграли вничью. '루빈'과 '볼가'는 비겼다.
    = «Рубин» сыграл вничью с «Волгой».

- угощать(угощаю, -ешь, -ют) – угостить(угощу, угостишь, угостят) кого? чем?
  ~를 ~으로 대접하다
  - Давай пойдём в ресторан. Я угощаю. 레스토랑 가자. 내가 대접할게.
  - Давай завтра пойдём в бар, я угощу тебя пивом. 내일 바에 가자. 내가 맥주 살게.

- уверен (уверена, уверены) ~을 확신하다(단어미형 형용사)
  а) уверен, что… : Я уверен, что «Рубин» победит. 나는 '루빈'이 이길 거라고 확신해.
  б) в + чём? : Я уверен в победе «Рубина». 나는 '루빈'의 승리를 확신해.
  в) в + ком? : Я уверен в своих друзьях (= Я верю своим друзьям). 나는 내 친구들을 믿어.

[회화]를 읽고 익힌 후 이를 간접문 형식으로 말해 보세요.

연습문제 6

다음 문장을 완성해 보세요.

1. Я поздоровалась ______________________.
2. Брат поссорился ______________________.
3. Мне надо подготовиться ______________________.
4. Сестра поблагодарила ______________________.
5. Ты должен извиниться ______________________.
6. Вчера наша команда проиграла ______________________.
7. Ура! Мы выиграли ______________________.
8. Мне нужен ______________________.
9. Дочери нужно ______________________.
10. Тебе идёт ______________________.
11. Мальчик идёт ______________________.
12. Я уверен, что брат ______________________.
13. Я не знаю, с кем ______________________.
14. Мама забыла, куда ______________________.
15. Саша спросил Нину, умеет ли ______________________.

연습문제 7

다음 질문에 답하여 대화문을 완성해 보세요.

1. - Ты ходил вчера на стадион?

   - ______________________________

   - Какой матч смотрел?

   - ______________________________

   - Кто выиграл?

   - ______________________________

   - С каким счётом?

   - ______________________________

2. - Ты сказала, что купила билет в Большой театр. На оперу или на балет?

   - ______________________________

3. - Ты уверен, что лучше поехать учиться не в Москву, а в Санкт-Петербург? Почему ты так думаешь?

   - ______________________________

러시아 문화 알아보기

감사와 사과 표현

러시아어로 감사를 표현하기 위해 «Спасибо!»와 동사 благодарить – поблагодарить를 사용합니다.

«Спасибо!»는 «Спаси вас Бог(신이 당신을 도우시기를)!»이라는 표현에서 왔습니다. 그리고 오랜 시간 동안 «Спаси вас Бог!»와 «Помогай вам Бог!»는 동의어로 사용되었습니다. 즉 감사하는 사람이 감사의 대상인 사람을 신이 도우시기를 기원했던 것입니다. 그러다 이 표현을 줄여 «Спаси Бог!»라고 사용하게 되었고, 후에는 두 단어가 한 단어로 줄며 «Спасибо!»라는 단어가 만들어진 것입니다.

동사 благодарить는 두 개의 슬라브어 단어로 이루어져 있습니다. 첫 번째 단어인 благо는 '선(добро)', '행복(счастье)'을 뜻하고, 두 번째 단어인 дарить는 '주다'를 뜻합니다.

사과를 할 때는 러시아어에서 동사 извинять – извинить와 прощать – простить를 사용합니다. «Извините!»라는 표현은 동사 извинить의 명령형인데, 어근에 명사 вина(죄)가 들어 있습니다. 그래서 «Извините!»는 "나의 죄를 용서해 주세요!"라는 뜻이 됩니다.

불완료상 동사 прощать는 명사 проща, 다시 말해 исцеление(치유), избавление(구원)에서 파생되었습니다. 완료상 동사 простить는 유사한 의미를 지닐 뿐 아니라 'простой(단순한)'라는 단어와도 연결됩니다. 사람 사이의 관계가 망가지기 시작할 때, 그것을 관계가 복잡해진다(«отношения усложняются»), 즉 관계가 그 단순함과 선명함을 잃어 간다고 표현합니다. 명령형 «Прости!»는 복잡한 관계의 오해를 벗어나 이 단순함으로 돌아가자는 뜻이기도 합니다.

제 3 과

В ЭТОМ ТЕКСТЕ РАССКАЗЫВАЕТСЯ…

이 텍스트에는 ~에 관한 이야기가 실려 있습니다.

핵심 표현

- В этом тексте рассказывается …
  이 텍스트에는 ~에 관한 이야기가 실려 있습니다.
- Этот текст рассказывает о том, что …
  이 텍스트는 ~에 관하여 이야기하고 있습니다.

러시아어로 말을 하다 보면 대화만이 아니라 어느 정도 분량이 되는 '이야기'를 전해야 하는 상황도 생깁니다. 여러분이 본 영화의 이야기를 들려 주어야 할 때도 있고, 읽은 책의 이야기를 전해야 할 때도 있습니다. 이 과에서는 읽은 텍스트를 요약하여 전하는 말, 즉 '다시 말하기(пересказ)'를 학습하려 합니다. 읽은 글을 요약하여 전하기 위해서는 문법적으로 맞는 말을 하는 능력뿐 아니라 읽은 텍스트에서 요점을 가려내어 전하는 능력 또한 필요합니다. 본문에 나오는 텍스트를 읽고 읽은 내용의 요점을 전하는 훈련을 해 봅시다.

강독 1

«БЕЛКА»

1 У меня была очень хорошая, умная собака, звали её Томка. Она жила у меня 15 лет, была моим другом. Но месяц назад Томка умерла. Я очень **горевал**, потому что любил свою собаку. Мои друзья **сочувствовали** мне и хотели помочь, они советовали мне купить другую собаку, говорили, что тогда я смогу забыть о своём **горе**.

Однажды лучший друг сказал мне:

- У меня есть один знакомый, который **продаёт** хорошую собаку. Его зовут Виктор Иванович, он живёт недалеко от города, в деревне Липки. Вот адрес.

2 На следующий день я поехал к Виктору Ивановичу. В деревне Липки я быстро нашёл его дом и **постучал** в дверь. Из дома вышел немолодой человек. Я поздоровался с ним и спросил:

- Вы Виктор Иванович?
- Да, это я. А что случилось?
- Я слышал, что вы продаёте собаку.
- Да-да, продаю. **Входите**, пожалуйста, в дом, я покажу вам собаку.
- А как её зовут?
- Белка.

3 Когда я **вошёл** в дом, увидел большую белую собаку. Она мне сразу понравилась, у неё были глаза, как у Томки – большие и умные. Когда мы с Виктором Ивановичем разговаривали, Белка внимательно смотрела на нас, и **мне казалось**, что она понимала, о чём мы говорили. Я решил купить её и спросил:

- Сколько стоит ваша собака?
- 30 рублей, - ответил Виктор Иванович.

Я **заплатил** за Белку 30 рублей, мы с ней поехали домой.

4 Белка **спокойно** сидела в машине, и в мой дом она тоже вошла спокойно. Но потом она весь день **неподвижно** лежала в углу. Я дал ей мясо, но Белка не стала есть. Дал воду, она не стала пить. Я понял, что она **скучает** по своему хозяину Виктору Ивановичу. Так прошёл день, два.

5 Три дня Белка не ела, не пила, а только лежала в углу. Я понял, что Белка **не может жить без своего хозяина**. Ей было очень тяжело, и мне – тоже, потому

что я уже полюбил Белку за её **верность**. Но я не хотел, чтобы она умерла, поэтому позвонил Виктору Ивановичу и сказал: «Белка не может жить без вас, поэтому завтра я верну её вам».

6 На следующий день я привёз Белку в деревню. Когда собака увидела родной дом, своего хозяина, она очень обрадовалась, начала весело вилять хвостом. Виктор Иванович вернул мне деньги, а я с грустью понял, что невозможно купить друга.

1 나에게는 아주 멋지고 똑똑한 개가 있었다. 그 개의 이름은 톰카였다. 톰카는 우리 집에서 15년 간 살았고, 나의 친구였다. 하지만 한 달 전에 톰카가 죽었다. 나의 개를 사랑했었기에 나는 정말 슬펐다. 내 친구들은 나를 안쓰러워하며 도와주고 싶어 했다. 그들은 내게 다른 강아지를 사라고 권했고, 그러면 내가 나의 슬픔을 잊을 수 있을 거라고 했다. 어느 날 가장 가까운 친구가 내게 말했다.

- 내가 아는 분이 한 분 있는데, 그 분이 좋은 개를 판대. 그분 성함은 빅토르 이바노비치 씨이고, 도시에서 멀지 않은 리프키 마을에 사셔. 여기 주소가 있어.

2 다음 날 나는 빅토르 이바노비치에게 갔다. 리프키 마을에서 나는 금세 그의 집을 찾았고 문을 두드렸다. 집에서 나이가 제법 든 사람이 나왔다. 나는 그와 인사를 하고 물었다.

- 빅토르 이바노비치 씨인가요?
- 그렇소, 나요. 무슨 일이시지요?
- 개를 파신다는 이야기를 들었습니다.
- 네, 네. 개를 팝니다. 집으로 들어오세요. 개를 보여 드리죠.
- 개 이름이 뭔가요?
- 벨카입니다.

3 집으로 들어가자 커다란 하얀 개가 보였다. 그 개를 보자마자 나는 그 개가 마음에 들었다. 그 개의 눈은 톰카의 눈처럼 크고 지혜롭게 보였다. 나와 빅토르 이바노비치가 이야기를 나누는 동안 벨카는 우리를 주의 깊게 바라보았다. 그 개는 우리가 무슨 이야기를 하고 있는지 이해하는 것 같았다. 나는 그 개를 사기로 마음을 먹고 물었다.

- 선생님 개가 얼마죠?
- 30루블입니다.

빅토르 이바노비치가 답했다.
나는 벨카의 값으로 30루블을 지불하고 벨카와 함께 집으로 갔다.

4 벨카는 차분히 차에 있었고, 내 집으로도 편안하게 들어섰다. 하지만 그후에 하루 종일 움직이지 않고 구석에 누워 있었다. 고기를 주었지만 벨카는 먹지 않았다. 물을 주어도 마시지 않았다. 나는 이 개가 자기 주인 빅토르 이바노비치를 그리워하고 있다는 것을 알았다. 그렇게 하루이틀이 흘렀다.

5 삼일 동안 벨카는 먹지도 마시지도 않고 그저 구석에 누워만 있었다. 나는 벨카가 자기의 주인이 없이는 살 수 없다는 것을 알았다. 벨카는 정말 힘겨워했고 나도 그랬다. 왜냐하면 나는 이미 벨카의 충직함 때문에 이 개를 사랑하게 되었기 때문이다. 하지만 나는 벨카가 죽는 것을 원하지 않았고, 그래서 빅토르 이바노비치에게 전화를 걸어 말했다. "벨카는 선생님 없이 살 수가 없는 것 같아요. 그래서 내일 이 개를 선생님께 돌려드리겠습니다."

6 다음 날 나는 벨카를 마을로 데리고 갔다. 벨카가 자기 집, 자기 주인을 보았을 때, 개는 너무 기뻐했고 신이 나서 꼬리를 흔들기 시작했다. 빅토르 이바노비치는 나에게 돈을 돌려주었고, 나는 슬픔에 젖어 친구를 돈으로 살 수는 없다는 것을 깨달았다.

어휘와 표현

- умереть(умру, умрёшь, умрут; умер, умерла, умерли) 죽다
- горе 슬픔, 불행
- горевать 슬퍼하다
- сочувствовать (кому?) 공감하다, 동정하다
- продавать – продать (что?) 팔다
- однажды 어느 날
- стучать – постучать в дверь 문을 두드리다
- входить – войти (куда?) ~로 들어가다
- мне казалось / мне кажется ~라고 여겨졌다 / 여겨진다
- платить – заплатить (за что?) (сколько?) ~에 대하여 얼마를 지불하다
- спокойно 조용하게, 평안하게
- спокойный 조용한, 평안한
- неподвижно 미동도 없이
- неподвижный 정적인
- скучать (по кому? по чему?) ~을 그리워하다
- Не мочь жить (без кого? - без чего?) ~ 없이는 살 수 없다
- верность 성실함, 신실함
- верный 성실한, 신실한
- хвост 꼬리
- вилять хвостом 꼬리를 흔들다

- вернуть (что?)(кому?) (куда?) ~을 ~에게/~로 되돌려 주다
  - Я взял книгу у Антона, прочитал, и вернул её Антону.
    나는 안톤에게서 책을 빌려 다 읽고 그것을 안톤에게 돌려주었다.
  - Я взял книги в библиотеке, прочитал и вернул их в библиотеку.
    나는 도서관에서 책을 빌려, 그것을 다 읽고, 그 책들을 도서관에 반납했다.

다소 긴 텍스트를 다 읽어 보셨지요? 이제부터는 이 글을 어떻게 효과적으로 요약할 수 있을지, 어떻게 이 내용을 여러분의 말로 잘 전달할 수 있을지 살펴보도록 합시다. 여러분이 보는 것처럼 이 텍스트는 여섯 개의 문단으로 이루어져 있습니다. 각 문단을 읽으며 어디에 요점이 있는지, 어떤 정보가 덜 중요한 정보인지 살펴봅시다. 먼저 첫 번째 문단을 보고, 그 중 가장 핵심적인 정보를 전하는 부분에 밑줄을 쳐 봅시다.

1 У меня была очень хорошая, умная собака, звали её Томка. Она жила у меня 15 лет, была моим другом. Но месяц назад Томка умерла. Я очень горевал, потому что любил свою собаку. Мои друзья сочувствовали мне и хотели помочь, они советовали мне купить другую собаку, говорили, что тогда я смогу забыть о своём горе.

Однажды лучший друг сказал мне:

- У меня есть один знакомый, который продаёт хорошую собаку. Его зовут Виктор Иванович, он живёт недалеко от города, в деревне Липки. Вот адрес.

이 문단에서 가장 핵심적인 내용을 담고 있는 부분에 밑줄을 그었습니다. 이제 밑줄 친 부분을 중심으로 문단의 내용을 요약하면 됩니다. 이때 기억해야 할 또 한 가지 요소는 글이 1인칭 시점으로 쓰여 있더라도 글의 내용을 전할 때는 3인칭으로 전해야 한다는 점입니다. 텍스트에 화자의 이름이 쓰여 있지 않은 만큼, 화자를 «автор(저자)»라고 칭하면 됩니다. 그러면 이 문단을 요약해 볼까요?

У автора была собака, которую он любил. Но она умерла, и автор очень горевал. Тогда друзья посоветовали ему купить другую собаку. И однажды лучший друг сказал, что его знакомый Виктор Иванович, который живёт в деревне Липки, продаёт хорошую собаку.

이렇게 하면 부수적인 정보를 제외하고 문단의 요지를 잘 전할 수 있습니다. 이제는 두 번째 문단을 보고 중요한 내용에 밑줄을 그어 봅시다.

2 На следующий день я поехал к Виктору Ивановичу. В деревне Липки я быстро нашёл его дом и постучал в дверь. Из дома вышел немолодой человек. Я поздоровался с ним и спросил:

- Вы Виктор Иванович?

- Да, это я. А что случилось?

- Я слышал, что вы продаёте собаку.

- Да-да, продаю. Входите, пожалуйста, в дом, я покажу вам собаку.

- А как её зовут?

- Белка.

이 문단을 잘 읽어 보면 알 수 있는 것처럼, 두 번째 문단의 요점은 위에 밑줄 친 한 줄의 문장으로 정리될 수 있습니다. 두 사람이 나누는 대화 속에는 굳이 전할 만한 중요한 정보가 없기 때문입니다. 그래서 이 문단은 다음과 같이 짧게 요약할 수 있을 것입니다.

На следующий день автор поехал в деревню Липки и встретился с Виктором Ивановичем.

이제 세 번째 문단을 읽고 중요한 부분에 밑줄을 그어 봅시다.

3 Когда я вошёл в дом, увидел большую белую собаку. Она мне сразу понравилась, потому что у неё были глаза, как у Томки – большие и умные. Когда мы с Виктором Ивановичем разговаривали, Белка внимательно смотрела на нас, и мне казалось, что она понимала, о чём мы говорили. Я решил купить её и спросил:

- Сколько стоит ваша собака?

- 30 рублей,

ответил Виктор Иванович.

Я заплатил за Белку 30 рублей, мы с ней поехали домой.

세 번째 문단은 아래와 같이 요약할 수 있습니다.

Когда автор вошёл в дом и увидел Белку, она ему сразу понравилась, потому что у неё глаза были, как у Томки – большие и умные. Автор купил Белку, и они вместе поехали домой.

나머지 문단도 이와 같은 방법으로 밑줄 친 부분을 중심으로 요약해 봅시다.

4 Белка спокойно сидела в машине, когда мы ехали в город, и в мой дом она тоже вошла спокойно. Но потом она весь день неподвижно лежала в углу. Я дал ей мясо, но Белка не стала есть. Дал воду, она не стала пить. Я понял, что она скучает по своему хозяину Виктору Ивановичу. Так прошёл день, два.

→ Белка спокойно сидела в машине, и в дом автора она тоже вошла спокойно. Но потом она неподвижно лежала в углу, ничего не ела и не пила. Автор понял, что Белка скучает по своему хозяину.

5 Три дня Белка не ела, не пила, а только лежала в углу. Я понял, что Белка не может жить без своего хозяина. Ей было очень тяжело, и мне – тоже, потому что я уже полюбил Белку за её верность. Но я не хотел, чтобы она умерла, поэтому позвонил Виктору Ивановичу и сказал: «Белка не может жить без вас, поэтому завтра я верну её вам».

→ Три дня Белка не ела и не пила. Автор полюбил Белку за её верность. Но он не хотел, чтобы собака умерла, поэтому позвонил Виктору Ивановичу и сказал, что вернёт ему Белку.

6 На следующий день я привёз Белку в деревню. Когда собака увидела родной дом, своего хозяина, она очень обрадовалась, начала весело вилять хвостом. Виктор Иванович вернул мне деньги, а я с грустью понял, что невозможно купить друга.

→ На следующий день автор привёз Белку в деревню. Когда собака увидела родной дом, своего хозяина, она очень обрадовалась. А автор с грустью понял, что невозможно купить друга.

지금까지 각 문단의 핵심 내용을 살펴보았습니다. 그러면 이제 각 문단의 핵심 내용을 어떻게 하나의 텍스트로 만들 수 있는지 살펴봅시다. 가장 먼저 기억할 것은 읽은 텍스트를 요약하여 전할 때는 반드시 도입 문구가 필요하다는 점입니다. 예를 들어 요약하여 말하기를 다음과 같은 말로 시작할 수 있습니다.

- **Этот текст рассказывает о том, что…** 이 텍스트는 ~에 관한 이야기가 실려 있습니다.
- **В этом тексте рассказывается о том, что…** 이 텍스트는 ~에 관하여 이야기하고 있습니다.

지금까지 문단별로 요약한 내용을 기억하며 〈벨카〉라는 글을 읽고 다른 사람들에게 전달하는 요약문을 작성하고, 또 이야기해 봅시다.

В этом тексте рассказывается о том, что у автора была собака, которую он любил. Но она умерла, и автор очень горевал. Тогда друзья посоветовали ему купить другую собаку. И однажды лучший друг сказал, что его знакомый Виктор Иванович, который живёт в деревне Липки, продаёт хорошую собаку. На следующий день автор поехал в деревню Липки и встретился с Виктором Ивановичем.

Когда автор вошёл в дом и увидел Белку, она ему сразу понравилась, потому что у неё глаза были, как у Томки – большие и умные. Автор купил Белку, и они вместе поехали домой.

Белка спокойно сидела в машине, и в дом автора она тоже вошла спокойно. Но потом она неподвижно лежала в углу, ничего не ела и не пила. Автор понял, что Белка скучает по своему хозяину.

Три дня Белка не ела и не пила. Автор полюбил Белку за её верность. Но он не хотел, чтобы собака умерла, поэтому позвонил Виктору Ивановичу и сказал, что вернёт ему Белку.

На следующий день автор привёз Белку в деревню. Когда собака увидела родной дом, своего хозяина, она очень обрадовалась. А автор с грустью понял, что невозможно купить друга.

다음 질문에 답해 보세요.

1. - Понравилась ли вам Белка? Почему?

 - ______________________________

2. - Автор понял, что невозможно купить друга. Согласны ли вы с ним? Почему?

 - ______________________________

강독 2

Первая в России женщина – инженер

В 1908 году Александра Соколова – молодая русская девушка – окончила школу и хотела поступить в институт. Она любила физику, математику и хотела стать инженером.

Но тогда в России не было женщин-инженеров. Обычная русская женщина занималась домашними делами и воспитанием своих детей. Только немногие женщины работали. Например, они могли преподавать в женских гимназиях. Но ни одна женщина не работала инженером, поэтому родственники и друзья не понимали Александру, а её мечту стать инженером считали смешной.

Но Александра не отказалась от своей мечты и поступила в технический институт. В этом институте учились только мужчины, многие из них смеялись над Александрой, они считали, что физика и математика — слишком сложные предметы для молодой девушки. Но Александра очень хорошо училась, и отлично сдала все экзамены. В 20 лет она окончила институт, стала первой в России женщиной – инженером.

Но Александра Соколова не могла найти работу. В это время на заводах работали только инженеры-мужчины, и никто не хотел брать на работу молодую девушку. И опять над ней смеялись, советовали выйти замуж, воспитывать детей и заниматься домашними делами.

Тогда Александра уехала в Америку. Но и там она тоже не могла найти работу. Все удивлялись: «Женщина – инженер? Если женщины будут инженерами, кто будет готовить обед, убирать, стирать?»

Однажды Александра прочитала в газете об одной американской женщине. Она тоже была инженером, тоже не могла найти работу, поэтому решила пойти на хитрость: она надела мужской костюм и пришла на завод. Директор завода подумал, что она — мужчина, и взял её на работу.

Александра решила сделать так, как эта женщина. Она надела мужской костюм, пришла на завод и сказала, что она русский инженер Александр Соколов. Директору завода понравился скромный и симпатичный русский инженер, и Александра начала работать на заводе.

Инженер Соколов очень хорошо работал, был умным и трудолюбивым, любую работу выполнял добросовестно. Но американцы очень удивлялись, потому что русский инженер никогда не пил алкоголь. Никто не догадался, что русский инженер – девушка. Александра работала в Америке 7 лет, потом вернулась в Россию.

[강독 2]를 읽고 다른 사람들에게 그 내용을 요약하여 전해 보세요. 앞서 했던 것처럼 문단별로 핵심 내용을 전하는 문장에 밑줄을 긋고, 그를 기반으로 '요약하여 말하기(пересказ)'를 해 보세요.

А) 짧게 요약하여 말하기 위한 글을 써 보세요.

Б) 다음의 질문에 답해 보세요.

1 - Что вы думаете об Александре Соколовой, о её характере?

-

2 - Александра мечтала стать инженером и стала. А у вас есть мечта? Какая?

-

러시아 문화 알아보기

전통적인 러시아 농가의 가축과 가금

러시아의 농부들은 전통적으로 집에서 가축과 가금을 키웠습니다. 말은 운송 수단이자 농사 수단이기도 했기에 가장 중요한 가축이었습니다. 좋은 말은 매우 비쌌지만 거의 모든 가정에 적어도 한 마리의 말은 있었습니다. 가정에 말이 없다는 것은 그들이 극빈층에 속한다는 것을 보여 주는 지표가 되었습니다.

두 번째로 중요한 가축은 우유와 고기를 얻을 수 있는 암소였습니다. 러시아의 농민들은 우유를 그냥 마시기도 하고, 우유 수프나 죽을 끓이기도 하고, 버터나 치즈 등의 유제품을 만들기도 하였습니다. 그 외에도 농가에서는 돼지, 염소, 양을 키우기도 했습니다. 돼지에서는 고기를, 양에서는 고기와 우유, 털실을 얻었습니다. 가금으로는 닭, 거위, 오리 등을 키웠는데 계란이나 고기 외에도 가금의 털로 베갯속을 삼고, 부드러운 요를 만들기도 했습니다.

한편, 개나 고양이가 없는 러시아의 농가 역시 상상하기 어렵습니다. 러시아의 농가에서 개는 보통 마당을 지켰고, 개를 집안으로 들이는 일은 없었습니다. 또 개는 주인이 사냥에서 야생 동물이나 들새를 잡는 일을 도왔습니다.

고양이는 예로부터 집안에서 살았습니다. 러시아인은 항상 고양이를 사랑했고 한편으로는 고양이에게 신비한 힘이 있다고 믿기도 했습니다. 예전부터 루시에는 고양이와 관련된 미신이 많았는데, 많은 러시아인은 지금도 이 미신을 믿고 있습니다. 예를 들어 새 집에 이사할 때는 먼저 고양이를 들여 보내야 하고, 고양이가 편안하게 집으로 들어가면 그 집에서 살게 될 주인들의 삶이 평탄할 것이라 믿습니다. 또 고양이가 정성껏 세수를 하면 손님이 올 거라 믿습니다. 검은 고양이와 관련된 미신도 많이 있습니다. 만일 검은 고양이가 길을 가로질러 가면 그 길에는 불행이 기다리고 있다고 믿습니다. 민간 전승에 따르면 그럴 때는 고개를 왼쪽으로 돌리고 자기의 왼쪽 어깨 너머로 침을 세 번 뱉어야 합니다. 그런 단순한 방법으로 저주가 풀린다고 믿었던 것입니다.

제4과

О ЧЁМ ВЫ МЕЧТАЕТЕ?

당신은 무엇을 꿈꾸십니까?

핵심 표현

- Кем ты мечтаешь стать?
  너는 어떤 사람이 되고 싶니?
- Я мечтаю стать переводчиком.
  나는 통(번)역사가 되고 싶어.

이번 과에서도 대화문이 아닌 독백체 말하기를 연습해 봅시다. 러시아어로 이야기를 하다 보면 자기의 이야기를 남에게 들려주는 식의 말하기를 해야 할 경우가 많이 있습니다. 이번 과에서는 나의 꿈에 관한 이야기를 나누어 보려고 합니다. 먼저 꿈에 관하여 묻거나 이야기할 때 필요한 동사를 살펴보고 이를 기반으로 꿈에 관한 이야기를 나누어 봅시다.

어휘-문법 1

МЕЧТАТЬ, ХОТЕТЬ, ХОТЕТЬСЯ + 동사원형 구문

Я мечтаю …
Я хочу …
Я хотел(а) бы … + 불완료상 / 완료상 동사원형
Мне хочется …
Мне хотелось бы …

1 МЕЧТАТЬ와 ХОТЕТЬ는 주격 구문으로 사용되는 반면, ХОТЕТЬСЯ 동사는 여격 구문으로 사용됩니다.

2 ХОТЕТЬ 동사와 ХОТЕТЬСЯ 동사 사이에는 미세한 의미 차이가 있습니다. ХОТЕТЬ 동사가 좀 더 단정적으로 자기가 원하는 것을 표현한다면, ХОТЕТЬСЯ 동사는 보다 완곡하게 원하는 것을 표현할 때 사용됩니다.

3 Я ХОТЕЛ(А) БЫ와 МНЕ ХОТЕЛОСЬ БЫ 구문에서 동사는 과거형을 사용하지만 의미는 현재의 의미를 나타내게 됩니다. 과거형 동사를 쓰는 이유는 소사 бы가 과거형과만 결합하기 때문입니다. 이 구문 역시 위에서 살핀 ХОТЕТЬСЯ 구문과 같이 완곡하고 부드럽게 바람을 전할 때 사용합니다.

4 이 구문은 [어휘-문법2]에서 보게 될 чтобы 구문과 달리 단일 주어 구문으로 사용됩니다.

- Я мечтаю стать переводчиком. 나는 통역사가 되기를 꿈꾼다.
- Я хочу стать переводчиком. 나는 통역사가 되고 싶다.
- Я хотела бы рассказать об этой проблеме. 이 문제에 관하여 이야기하고 싶습니다.
- Мне хочется поехать в Японию. 나는 일본에 갔으면 해.
- Мне хотелось бы весь день отдыхать. 나는 하루 종일 쉬었으면 합니다.
- Я не хочу ехать в деревню. 나는 시골에 가고 싶지 않아.
- Мне не хочется рассказывать об этой проблеме.
  나는 이 문제에 관하여 말하지 않았으면 합니다.

5 이 구문에서 동사원형을 사용할 때 상 선택의 기준은 무엇일까요? 빈도(как часто?)나 지속(как долго?)을 나타내는 단어와 함께 사용되면 불완료상 동사원형을 사용하지만 그 외의 경우는 완료상 동사를 사용하면 됩니다. 하지만 부정문의 경우(즉, не хочу, не хочется, не мечтаю…)는 뒤에 반드시 불완료상 동사원형을 사용해야 합니다.

다음 질문에 대해 МЕЧТАТЬ, ХОТЕТЬ, ХОТЕТЬСЯ 동사를 사용하여 답해 보세요.

1 - Я мечтаю стать переводчиком. А ты?

- ____________________

2 - Куда ты мечтаешь поехать?

- ____________________

3 - Что ты будешь делать в выходные?

- ____________________

4 - У тебя есть планы на каникулы?

- ____________________

5 - Что ты будешь делать после окончания университета?

- ____________________

6 - Почему Сергей поступил на экономический факультет?

- ____________________

7 - Ты не знаешь, почему Маша плачет?

- ____________________

8 - Зачем ты идёшь на рынок?

- ____________________

9 - Скоро твой день рождения. Какой подарок тебе хотелось бы получить в этот день?

- ____________________

МЕЧТАТЬ, ХОТЕТЬ, ХОТЕТЬСЯ + ЧТОБЫ 구문

이 구문은 주어가 두 개인 문장, 즉 무엇을 원하거나 꿈꾸는 사람과 그것을 실행할 사람이 다를 경우에 사용됩니다. 아래의 예문을 볼까요? 여러분이 아는 것처럼, **чтобы**가 있는 절의 동사는 과거형을 사용합니다.

- Родители мечтают, чтобы сын стал врачом. 부모님은 아들이 의사가 되기를 꿈꾼다.
- Родители хотят, чтобы сын стал врачом. 부모님은 아들이 의사가 되기를 원한다.
- Соне хочется, чтобы Маша помогла ей. 소냐는 마샤가 그녀를 도와주었으면 한다.
- Соне хочется, чтобы Маша всегда помогала ей.
  소냐는 마샤가 항상 그녀를 도와주었으면 한다.
- Нам хотелось бы, чтобы семестр кончился быстро.
  우리는 학기가 빨리 끝났으면 좋겠다.
- Мама не хочет, чтобы сын играл в компьютерные игры.
  엄마는 아들이 컴퓨터 게임 하는 것을 원치 않는다.

다음 문장을 완성해 보세요.

1. Преподаватель хочет, чтобы ______________________.
2. Мне хочется, чтобы завтра ______________________.
3. Родители не хотят, чтобы ______________________?
4. Наверное, ты хочешь, чтобы ______________________.
5. Мне очень хотелось бы, чтобы ______________________.
6. Отец мечтает, чтобы ______________________.
7. Завтра у меня день рождения, я хочу ______________________.
8. Завтра у меня день рождения, я хочу, чтобы ______________________.
9. Софья хочет ______________________.
10. Софья не хочет, чтобы ______________________.

⑪ Виктор хотел бы ______________________________.

⑫ Мы мечтаем ______________________________.

⑬ Нам не хочется ______________________________.

⑭ Нам хочется, чтобы ______________________________.

연습문제 3

(НЕ) ХОТЕТЬ, (НЕ) ХОТЕТЬСЯ 동사를 사용하여 대화문을 완성해 보세요.

1 - Я слышала, что ты хочешь поехать в Америку? Когда? Что ты будешь там делать?

- ______________________________

____

2 - Почему мама ругает тебя?

- ______________________________

____

3 - Ты ищешь подарок для сестры? Я советую тебе купить матрёшку.

- ______________________________

____

4 - Мне кажется, у Милы сегодня плохое настроение. Как ты думаешь, почему?

- ______________________________

____

5 - Ты решил подарить брату немецко-русский словарь? Почему?

- ______________________________

____

- Ты думаешь, что ему понравится твой подарок?

- ______________________________

____

회화

Track 04

'꿈'과 관련된 대화문을 읽어 보고, 이를 여러분의 러시아어 말하기에도 활용해 봅시다.

Антон: Марина, о чём ты мечтаешь?

Марина: Я мечтаю открыть приют для бездомных животных.

Антон: Приют для животных?

Марина: Да, ты же знаешь, что сейчас на улице живёт много кошек и собак, у которых нет хозяев, и им надо помогать.

Антон: Ты сказала, что хочешь поступить в университет. А на какой факультет?

Марина: Я с детства мечтаю стать ветеринаром, поэтому хотела бы поступить на факультет ветеринарной медицины.

Антон: А трудно поступить на этот факультет?

Марина: Да, очень! В медицинском университете на всех факультетах высокий конкурс.

Антон: Тогда желаю тебе поступить, успешно окончить университет и исполнить свою мечту!

Марина: Большое спасибо!

안톤: 마리나, 너는 무엇을 꿈꾸니?

마리나: 나는 유기 동물을 위한 보호소를 열고 싶어.

안톤: 동물보호소?

마리나: 그래, 너도 알고 있는 것처럼 지금 거리에는 주인이 없는 개와 고양이들이 많이 살고 있어. 그 동물을 도와야 해.

안톤: 너는 대학에 가고 싶다고 했었잖아. 어떤 학부에 가고 싶어?

마리나: 나는 어려서부터 수의사가 되고 싶었으니까 수의학과에 가고 싶어.

안톤: 그 학과에는 입학하기 어렵니?

마리나: 응, 아주 어려워! 의대에 있는 모든 학과는 경쟁이 치열해.

안톤: 그럼 네가 입학해서 성공적으로 대학을 마치고 네 꿈을 이루길 바라!

마리나: 진짜 고맙다!

어휘와 표현

- **бездомный** 집이 없는
  бездомные животные 집 없는 동물들
- **приют** 보호소, 거처
  приют для бездомных животных 유기 동물보호소
- **ветеринар** 수의사
- **конкурс** 경쟁
  высокий конкурс 극심한 경쟁

- **исполнять – исполнить** 이루다, 수행하다
  ~ **мечту** 꿈을 이루다

다음 문장을 완성해 보세요. 필요하면 [별표 1]을 참조하세요.

1. Вчера команда «Сеул» выиграла ______________________.
2. Опять наша команда проиграла ______________________.
3. Команды сыграли ______________________.
4. Брат окончил ______________ и поступил ______________.
5. Сестра ищет ______________________.
6. Я не интересуюсь ______________________.
7. Все студенты увлекаются ______________________.
8. Я дружу ______________________.
9. Отец вернулся ______________________.
10. Шкаф стоит ______________________.
11. Брат поставил ______________________.
12. Фотографии лежат ______________________.
13. Соня положила ______________________.
14. Одежда висит ______________________.
15. Папа повесил ______________________.
16. Студенты уверены, что ______________________.
17. Лучше ______________________.
18. Зачем ______________________?
19. Все дети хотят ______________________.
20. Старший брат не хочет, чтобы ______________________.

러시아 문화 알아보기

현대 러시아 가정의 애완동물

사회학자들의 조사에 따르면 현재 러시아 가정의 59%가 애완동물을 기르고 있다고 합니다. 애완동물의 대부분은 고양이와 개이고, 애완동물을 키우는 가정의 10%는 두 마리 이상의 동물을 기르고 있습니다. 러시아 재정연구원의 발표에 따르면 매년 러시아인들은 애완동물을 기르는 데에 950,000,000,000루블을 소비한다고 합니다.

러시아에서 가장 인기가 있는 애완동물은 고양이로, 전 세계에서 고양이를 키우는 사람들이 가장 많다고 합니다. 설문에 따르면 러시아인들이 이렇게 고양이를 많이 키우는 것은 고양이가 스트레스를 덜어 주고, 마음을 안정시켜 주며, 긍정적인 감정을 불러 일으키는 동물이라고 믿기 때문이라고 합니다. 학자들도 대체로 이러한 견해에 동의합니다. 흥분한 사람이 가르릉 거리는 고양이를 안으면 흥분한 감정이 빨리 가라앉는다고 합니다.

러시아에서 두 번째로 인기가 있는 애완동물은 개입니다. 러시아인들이 개를 키우는 가장 큰 이유는 개가 주인을 보호해 주기 때문이라고 합니다. 개를 키우는 사람들의 51%가 이렇게 답했다고 하니 지금까지도 집을 지키는 개의 역할이 유효하다 볼 수 있습니다. 물론 31%의 주인은 개를 사랑하고 개와 교류할 수 있어서 개를 키운다고 답했습니다.

유감스럽게도 세계의 많은 나라들이 그런 것처럼 러시아에도 유기견과 유기묘가 많습니다. 유기견과 유기묘를 위해 러시아에서는 국립/사립 보호센터를 운영하고 있습니다.

제 5 과

Я ХОТЕЛ БЫ ПОСТУПИТЬ НА ФАКУЛЬТЕТ РУССКОГО ЯЗЫКА.

러시아어학과에 입학했으면 합니다.

핵심 표현

- Я хотел бы поступить на факультет русского языка.
  저는 러시아어학과에 입학했으면 합니다.

지금까지는 일상의 영역에서 말하는 법을 익혔습니다. 하지만 러시아어 구사 수준이 높아질수록 여러분이 나누게 될 대화의 주제가 일상적인 것으로만 한정되지 않습니다. 일상 주제보다 좀 더 업무적이거나 공적인 주제로 대화를 나누게 될 일들이 생기게 됩니다. 예를 들어, 여러분이 러시아 현지에서 공부하고 싶어 교환 학생으로 러시아를 방문했다고 가정해 봅시다. 그러면 그곳에서 공부하고 생활하기 위하여 국제교류처, 단대행정실, 기숙사 사감실 등에서 대화를 나누어야 합니다. 먼저 러시아어를 공부하는 여러분이 종종 접하게 될 몇 가지 전형적인 상황에서 가능한 대화들을 살펴보도록 합시다.

학부 / 학과 명칭

러시아어로 학부명은 어떻게 정해지는 것일까요? 러시아어를 공부하는 많은 외국 학생들은 학부 명칭이나 전공명, 직업명을 이야기하는 데 어려움을 겪습니다. 먼저 전공 명칭과 학부 명칭 등이 어떻게 구성되는지 살펴보도록 합니다.

1 전공명이 한 단어인 경우: 학부/학과 명칭이 전공명을 형용사화한 〈형용사 + **факультет**〉의 형태로 만들어집니다.

СПЕЦИАЛЬНОСТЬ(전공)	ФАКУЛЬТЕТ(학부/학과)	ПРОФЕССИЯ(직업)
физика 물리학 (физика – КА = физи + ческий)	физический 물리학부	физик 물리학자
математика 수학	математический 수학부	математик 수학자
экономика 경제학	экономический 경제학부	экономист 경제학자
педагогика 교육학	педагогический 교육학부	педагог 교육학자
история 역사 (история – Я = истори + ческий)	исторический 역사학부	историк 역사학자
биология 생물학	биологический 생물학부	биолог 생물학자
география 지리학	географический 지리학부	географ 지리학자
химия 화학	химический 화학부	химик 화학자
социология 사회학	социологический 사회학부	социолог 사회학자
филология 인문학	филологический 인문학부	филолог 인문학자

주의하세요!

법학부와 철학부의 경우는 전공명과 그에서 파생되어 학부명을 만드는 형용사의 형태가 다소 상이합니다.

юриспруденция 법학	юридический факультет 법학부	юрист 법률가
философия 철학	философский факультет 철학부	философ 철학자

2 **전공명이 두 단어 이상인 경우**: 전공명이 생격으로 **факультет** 뒤에 붙은 형태로 학부/학과 명칭이 만들어집니다.

СПЕЦИАЛЬНОСТЬ(전공)	ФАКУЛЬТЕТ(학부/학과)
иностранные языки 외국어	факультет иностранных языков 외국어학부
английский язык 영어	факультет английского языка 영어학부
русский язык и литература 노어노문	факультет русского языка и литературы 노어노문학부
мировая экономика 세계경제	факультет мировой экономики 세계경제학부
мировая политика 세계정치	факультет мировой политики 세계정치학부
международные отношения 국제관계	факультет международных отношений 국제관계학부
государственное управление 행정	факультет государственного управления 행정학부

ПРОФЕССИЯ:

- преподаватель английского (русского) языка 영어(러시아어) 강사
- переводчик 통역사
- специалист по мировой экономике / по мировой политике / по международным отношениям / по государственному управлению
  세계경제 / 세계정치 / 국제관계 / 행정 전문가

주의하세요!

앞서 살핀 학부 명칭을 정하는 원칙에도 예외가 있습니다. 아래의 학부명은 전공명이 한 단어이지만 뒤에서 생격으로 수식하는 형태의 학부 명칭입니다.

СПЕЦИАЛЬНОСТЬ(전공)	ФАКУЛЬТЕТ(학부/학과)	ПРОФЕССИЯ(직업)
журналистика 신문방송학	факультет журналистики 신문방송학부	журналист 기자
психология 심리학	факультет психологии 심리학부	психолог 심리학자
менеджмент 경영학	факультет менеджмента 경영학부	менеджер 매니저
дизайн 디자인	факультет дизайна 디자인학부	дизайнер 디자이너

주의하세요!

한 가지 주의할 것은 한국어의 학부, 학과 구분 체계가 러시아의 학부, 학과 구분 체계와 완전히 일치하지는 않는다는 점입니다. 단과대학을 **факультет**, 학과를 **отделение**로 번역하는 것이 일반적이지만, **факультет английского языка**처럼 한국에서라면 학과 개념일 수 있는 단위가 학부 단위로 불리기도 합니다. 이런 경우 **факультет**의 하위 단위로 **кафедра**가 있게 됩니다. 예를 들어 노어노문학부(**факультет русского языка и литературы**)에는 **кафедра истории русского языка**(러시아어사학과), **кафедра общего языкознания**(일반언어학과), **кафедра русской литературы**(러시아문학과) 등이 있을 수 있습니다. 직업명을 이야기할 때도 영어 강사(**преподаватель английского языка**)나 통역사(**переводчик**)는 언어 계통 학부를 마친 경우에만 사용할 수 있고, 그 외의 학부, 예를 들어 정치학부, 경제학부 졸업생들은 〈**специалист по** + 여격〉의 구문을 사용하여 직업을 표시합니다.

공부하는 학과에 관한 질문에 답해 보세요.

❶ - На каком факультете учится твой брат / сестра / друг / подруга?

- ____

❷ - Какой факультет окончил твой отец / мать / старший брат?

- ____

❸ - На какой факультет мечтает поступить твой младший брат / младшая сестра?

- ____

ПОСТУПЛЕНИЕ В УНИВЕРСИТЕТ / ОКОНЧАНИЕ УНИВЕРСИТЕТА

다른 언어와 마찬가지로 러시아어에도 동사에서 파생된 명사가 존재하고, 또 매우 광범위하게 사용됩니다. 명사화된 동사를 잘 사용하는 것이 수준 높은 회화를 구사하는 데 있어서 매우 중요한 능력이 됩니다. 먼저 동사에서 파생된 명사들 중 사용 빈도가 높은 명사들을 살펴보고 꼭 암기하여 다양하게 활용해 보도록 합시다.

동사	명사
поступать – поступить 입학하다	**поступление** 입학
оканчивать – окончить 졸업하다	**окончание** 졸업
изучать – изучить 공부하다	**изучение** 학습
читать – прочитать 읽다	**чтение** 읽기
знать 알다	**знание** 지식, 앎
решать – решить 해결하다, 결정하다	**решение** 해결, 결정
работать – поработать 일하다	**работа** 일
ехать – поехать 가다	**поездка** 여행
покупать – купить 구매하다	**покупка** 구매
разговаривать 대화하다	**разговор** 대화
мыть – вымыть 씻다	**мытьё** 씻기
учиться 공부하다	**учёба** 학업
строить – построить 건설하다	**строительство** 건설

여러분이 이미 알고 있는 것처럼, 러시아어의 동사는 격을 지배합니다. 그렇다면 이러한 동사의 격지배가 파생된 명사에서도 그대로 지켜질까요? A 그룹과 Б 그룹을 한번 비교해 보세요.

	동사 + 명사	명사 + 명사
A	1. работать в банке	работа в банке
	2. разговаривать с другом	разговор с другом
	3. учиться в университете	учёба в университете
	4. поехать в Москву	поездка в Москву
Б	5. читать книгу(대격)	чтение книги(생격)
	6. окончить университет(대격)	окончание университета(생격)
	7. мыть руки(대격)	мытьё рук(생격)

동사의 활용은 파생된 명사에서도 동일하게 유지되지만, 동사가 대격을 지배한 경우는(Б 그룹) 생격으로 오게 됩니다. 이 점에 주의하면 여러분이 익힌 명사화된 동사들을 다양하게 활용할 수 있습니다.

보기와 같이 주어진 문장을 완성해 보세요.

보기

Брат работает ________________

→ Брат работает в банке.

Брат часто рассказывает о работе ________________

→ Брат часто рассказывает о работе в банке.

1. Мне надо заплатить ________________.

   Какая плата ________________.

2. Вчера я разговаривал ________________.

   Я долго думал о разговоре ________________.

3. Нам надо решить ________________.

   Все говорят только о решении ________________.

4. В прошлом году брат окончил ________________.

   После окончания ________________.

5. На нашей улице построили ________________.

   Два года шло строительство ________________.

6. Мне хотелось бы поехать ________________.

   Вчера брат рассказал о поездке ________________.

7. Сестра весь день убирает ________________.

   Сестре не нравится заниматься уборкой ________________.

회화

Track 05

이제 배운 문법을 기반으로 단과대학 행정실에서 나눌 수 있는 대화를 익혀 봅시다.

Сон Ми: Здравствуйте!

Секретарь: Добрый день! Слушаю вас.

Сон Ми: Меня зовут Ким Сон Ми, я хотела бы поступить в ваш университет на факультет русского языка.

Секретарь: Очень хорошо. Как долго вы планируете учиться у нас?

Сон Ми: 10 месяцев. Но у меня есть несколько вопросов, можно задать их сейчас?

Секретарь: Да, конечно, спрашивайте!

Сон Ми: Когда начнутся занятия в университете?

Секретарь: Первого сентября.

Сон Ми: А какая программа обучения?

Секретарь: Вы будете изучать грамматику, разговорную практику и спецкурсы: русская литература XIX века (девятнадцатого века), регионоведение и другие.

Сон Ми: Сколько пар в день?

Секретарь: Обычно три пары. Занятия начинаются в 9 часов.

Сон Ми: Понятно. А какая плата за обучение?

Секретарь: 400 долларов в месяц.

Сон Ми: А у вас есть общежитие? / В вашем университете есть общежитие?

Секретарь: Да, конечно, есть. Студенты, если хотят, могут жить в общежитии.

Сон Ми: Сколько надо платить за общежитие?

Секретарь: 200 (двести) долларов в месяц.

Сон Ми: А какие документы нужны для поступления?

Секретарь: Вы должны принести сертификат об образовании, 2 (две) фотографии и заполнить анкету. Вот, пожалуйста, бланк.

Сон Ми: Хорошо. Большое спасибо!

성미: 안녕하세요!

비서: 안녕하세요! 무슨 일로 오셨지요? (직역 : 당신의 이야기를 듣고 있습니다)

성미: 제 이름은 김성미이고요, 저는 귀 대학의 러시아어학부에 입학했으면 합니다.

비서: 아주 좋습니다. 우리 학교에서 얼마나 오랫동안 공부하실 계획이시지요?

성미: 10개월이요. 그런데 몇 가지 질문이 있는데, 지금 질문을 드려도 될까요?

비서: 네, 물론입니다, 질문하세요!

성미: 대학에서 수업은 언제 시작합니까?

비서: 9월 1일에 시작합니다.

성미: 교육 프로그램은 어떤 것이 있나요?

비서: 문법, 회화를 공부하게 되고, 19세기 러시아 문학, 지역학 등 특별 과목들도 공부하게 됩니다.

성미: 하루에 수업은 몇 파라가 있나요?

비서: 보통 세 파라가 있습니다. 수업은 9시에 시작합니다.

성미: 알겠습니다. 수업료는 어떻게 되지요?

비서: 한 달에 400달러입니다.

성미: 학교에는 기숙사가 있나요?

비서: 네, 물론 있습니다. 학생들은, 원한다면, 기숙사에 살 수 있습니다.

성미: 기숙사비는 얼마인가요?

비서: 한 달에 200달러입니다.

성미: 입학을 위해서는 어떤 서류가 필요한가요?

비서: 교육증명서와 사진 두 장을 가져오시고 서류를 작성하시면 됩니다. 여기, 양식이 있습니다.

성미: 네. 감사합니다!

어휘와 표현

- поступать – поступить (куда?) ~입학(입사)하다
  ~ в университет 대학에 입학하다, ~ на работу 입사하다
  поступление (куда?) ~ 입학
  ~ в университет 대학 입학, ~ на работу 취직

- обучать (кого? чему?) ~에게 ~을 가르치다

  Я обучаю студентов русскому языку. (← 드물게 사용됨)
  = Я преподаю студентам русский язык. (← 자주 사용됨)
  나는 학생들에게 러시아어를 가르친다.

- обучение 학습
  программа обучения 학습 프로그램
  спецкурс(специальный курс) 특별 과목
  регионоведение 지역학

- пара 러시아의 수업 단위(1 пара는 1시간 30분)
  원래 ПАРА라는 단어 자체는 '2, 짝'을 의미하는 일종의 학생 속어였습니다. 그러다가 공식적인 학교 용어로 정착이 되었습니다. 그렇다면 왜 '2, 짝'이라는 뜻이 있을까요? 원래 러시아의 중고등학교에서는 수업이 45분 간 진행됩니다. 그러다 대학에 와서는 수업이 한 시간 반, 즉 고등학교 수업의 두 배(45 + 45)만큼 진행되다 보니 학생들이 이를 пара라고 부르던 것에서 유래한 단어입니다.

- платить – заплатить за что? ~에 대해 지불하다
  Сколько надо платить / заплатить за…? ~에 대해 얼마를 지불해야 합니까?
  плата за что? ~에 대한 요금, 비용
  Какая плата за…? ~에 대한 비용이 얼마입니까?

- образование 교육

- **сертификат** 증명서
  сертификат об образовании 학력 증명서
- **анкета** 설문, 서류 항목
  заполнить анкету 설문을 작성하다, 서류를 작성하다
- **бланк** 용지, 서식
  заполнять – заполнить бланк 용지에 기입하다

성미는 입학 관련 문의를 하러 대학에 다녀왔습니다. 그리고 거기서 있었던 일에 관하여 러시아 친구 디마와 대화를 나눕니다. 주어진 대화의 시작을 읽고 이 대화문을 완성해 보세요. 성미가 간접인용문을 사용하여 행정실 직원과의 대화를 전하는 것에 주목해 보세요.

Сон Ми: Сегодня я ходила в деканат филологического факультета и разговаривала с секретарём о поступлении в университет.
Дима: Ты обо всём спросила секретаря? Ничего не забыла?
Сон Ми: (Мне) Кажется, ничего (не забыла). Я спросила, когда начнутся занятия в университете. Секретарь ответил, что первого сентября.
Дима: А ты спросила, какая программа обучения?
Сон Ми: Да, я буду изучать…
Дима: А ты не забыла спросить, сколько…
Сон Ми: Нет, (не забыла). …

러시아 문화 알아보기

러시아의 고등 교육 기관

현재 러시아에 있는 고등 교육 기관(ВУЗ)의 종류는 다음과 같습니다.

1. 연방 대학(Федеральный университет)
   현재 러시아 전역에는 국가가 탁월한 고등 교육 기관으로 지정한 총 10개의 연방 대학이 있습니다. 예를 들면 시베리아 연방 대학(Сибирский федеральный университет, 크라스노야르스크 소재), 남부 연방 대학(Южный федеральный университет, 로스토프-나-돈 소재), 극동 연방 대학(Дальневосточный федеральный университет, 블라디보스토크 소재), 우랄 연방 대학(Уральский федеральный университет, 에카테린부르크 소재) 등이 대표적인 연방 대학입니다.

2. 대학(Университет)
   다양한 영역을 아우르는 교육과정을 갖춘 종합 대학입니다. 가장 선도적인 대학으로는 모스크바 국립대학(Московский государственный университет)과 상트페테르부르크 국립대학(Санкт-Петербургский государственный университет)을 들 수 있습니다.

3. 아카데미(Академия)
   아카데미는 특정 분야의 전문가를 양성하는 고등 교육 기관입니다. 예를 들어 농업 아카데미에서는 농업 영역의 전문가를, 예술 아카데미에서는 음악가, 배우, 미술가 등 예술업계 종사자들을 양성합니다.

4. 연구소(Институт)
   종합 대학과 달리 특정 분야의 전문인을 양성하는 교육 기관입니다. 예를 들면 기술 연구소(Технический институт)는 기술 영역의 전문가들을 양성합니다.

위의 4개 교육 기관의 수장은 총장(ректор), 단과 대학(Факультет)의 수장은 학장(декан)이며, 학과(Кафедра)의 수장은 학과장(заведующий кафедрой)입니다. 이 외에도 고등 교육 기관에는 각급 학교에 입학하고자 하는 학생들의 준비를 돕는 예비 학부(подготовительное отделение)가 있습니다.

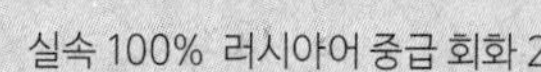

제 6 과

КАКИЕ ДОКУМЕНТЫ НУЖНЫ ДЛЯ ПОСТУПЛЕНИЯ?

입학을 위해 어떤 서류가 필요한가요?

핵심 표현

- Какие документы нужны для поступления в университет?
  대학 입학을 위해서는 어떤 서류들이 필요한가요?

앞에서 우리는 비교적 공적이라고 할 수 있을 상황에서 가능한 대화문을 익히고 또 만들어 보았습니다. 이번 과에서는 이러한 공적 상황에서 많이 사용되는 구문들을 익혀 다양한 상황에서 사용해 봅시다.

~을 위하여 무엇이 필요할까요?

- Какие документы нужны для поступления в университет?
  대학 입학을 위해서 어떤 서류가 필요한가요?
- Что нужно для поступления в университет?
  대학 입학을 위해서 무엇이 필요한가요?
- Вы должны принести паспорт и две фотографии.
  Вам надо (нужно) принести паспорт и две фотографии.
  (당신은) 여권과 사진 두 장을 가지고 오셔야 합니다.
- Нужны паспорт и две фотографии. 여권과 사진 두 장이 필요합니다.

«Какие документы нужны для…?» 구문을 익혀 두면 가입·등록·발급 신청 등 다양한 상황에서 활용할 수 있으니 질문과 답에 사용된 구문을 꼭 숙지하시기 바랍니다. 이 구문은 동사가 명사화된 명사인 **получение**(수령), **оформление**(작성) 등과 결합하여 널리 사용됩니다.

- Какие документы нужны для получения визы?
  비자 수령을 위해 어떤 서류가 필요한가요?

보기와 같이 짧은 대화문을 만들어 보세요.

보기

виза – получить визу (대격) / оформить визу (대격)

Студент 1:

- Какие документы нужны для получения визы(생격)?
- Какие документы нужны для оформления визы(생격)?

Студент 2:

- Вы должны принести паспорт, две фотографии и заполнить анкету.
- Вам надо (нужно) принести паспорт, две фотографии и заполнить анкету.
- Нужны паспорт, две фотографии и анкета.

❶ паспорт – получить / оформить паспорт

Студент 1: ______

Студент 2: ______

❷ студенческий билет – получить / оформить студенческий билет

Студент 1: ______

Студент 2: ______

❸ банковская книжка – получить / оформить банковскую книжку

Студент 1: ______________________________

Студент 2: ______________________________

❹ кредитная карточка – получить / оформить кредитную карточку

Студент 1: ______________________________

Студент 2: ______________________________

어휘 банковская книжка 통장 кредитная карточка 신용카드

연습문제 2

앞서 익힌 구문은 요리, 여행, 서류 작성 등 다양한 회화 영역에서 활용이 가능합니다. 주어진 **보기**와 같이 대화문을 만들어 보세요.

보기

приготовление, вкусный, борщ:

Студент 1: Что нужно для приготовления вкусного борща?

Студент 2: Надо / нужно купить свежие овощи и мясо.

❶ (оформление, паспорт)

Студент 1: ______________________________

Студент 2: ______________________________

❷ (получение, банковская книжка)

Студент 1: ______________________________

Студент 2: ______________________________

❸ (поездка, Чеджу)

Студент 1: ______________________________

Студент 2: ______________________________

❹ (приготовление, блины)

Студент 1: ______________________________

Студент 2: ______________________________

❺ (решение, наша проблема)

Студент 1: ______________________________

Студент 2: ______________________________

어휘-문법 2

~을 하기 위하여 무엇이 필요할까요?

앞서 살핀 구문과 비슷한 내용을 담고 있으나 이 구문의 경우에는 뒤에 '수령', '작성'과 같은 명사가 오는 것이 아니라 절이 올 수 있어 더 풍부한 내용을 표현할 수 있게 해 줍니다. 그럼 구문을 볼까요?

- Что нужно (для того), чтобы хорошо говорить по-английски?
  영어를 잘하려면 무엇이 필요할까요?
- (Чтобы хорошо говорить по-английски,) надо / нужно часто разговаривать с американцами.
  (영어를 잘하려면) 미국인들과 자주 이야기를 나눠야 합니다.

чтобы 절 뒤에 동사원형을 사용하여 동사가 지칭하는 행위를 하기 위해서는 무엇이 필요한지 묻는 구문입니다. 잘 익혀서 다양한 상황에서 활용하여 봅시다.

연습문제 3

보기와 같이 대화문을 만들어 보세요.

보기

получить «5»

- Что нужно, чтобы получить «5»?
- Чтобы получить «5», нужно много заниматься и всегда ходить на лекции.

1. похудеть
   - ______
   - ______

2. поправиться
   - ______
   - ______

3. хорошо выглядеть
   - ______
   - ______

4. не болеть
   - ______
   - ______

회화

1 Track 06-1

Секретарь: Здравствуйте! Слушаю вас.

Сон Ми: У меня есть несколько вопросов. Можно задать их сейчас?

Секретарь: Да, сейчас я могу ответить на ваши вопросы.

Сон Ми: Я хотела бы учиться на историческом факультете. Какие документы нужны для поступления?

Секретарь: Вам надо принести сертификат об образовании и две фотографии

Сон Ми: Спасибо за информацию. До свидания.

Секретарь: Всего доброго!

2 Track 06-2

Сергей: Ты хорошо знаешь английский язык?

Вадим: Неплохо, я изучал его в Америке 2 года.

Сергей: Помоги мне, пожалуйста, заполнить анкету на английском языке.

Вадим: Извини. Сейчас я очень занят, но завтра обязательно помогу.

Сергей: Тогда завтра давай встретимся в 2 часа. Тебе удобно?

Вадим: Да, удобно.

Сергей: Вадим, а что нужно, чтобы хорошо знать английский язык?

Вадим: Нужно выучить грамматику, постоянно читать разные тексты на английском языке, смотреть американские фильмы и больше разговаривать с иностранцами.

Сергей: Спасибо за совет! Ну, до завтра!

Вадим: До встречи!

1

비서: 안녕하세요! 무슨 일로 오셨나요?

성미: 몇 가지 질문이 있습니다. 지금 여쭤 봐도 될까요?

비서: 네, 지금 답해 드릴 수 있어요.

성미: 저는 역사학과에서 공부하고 싶은데요, 입학을 위해서 어떤 서류들이 필요할까요?

비서: 교육증명서와 사진 두 장을 가져오시면 됩니다.

성미: 알려 주셔서 감사합니다. 안녕히 계세요.

비서: 안녕히 가세요!

2

세르게이: 너 영어 잘 아니?

바딤: 괜찮게 해. 나는 미국에서 2년 간 영어를 공부했어.

세르게이: 영어로 이 앙케이트 작성하는 것 좀 도와줘.

바딤: 미안해, 지금은 정말 바쁘고, 내일은 꼭 도와줄게.

세르게이: 그럼 내일 2시에 만나자. 괜찮아?
바딤: 응, 괜찮아.
세르게이: 바딤, 영어를 잘 알려면 무엇이 필요하니?
바딤: 문법을 익히고 영어로 된 다양한 텍스트들을 읽어야 하고 미국 영화들을 보고 외국인들과 더 많이 대화해야 해.
세르게이: 충고해 주어서 고마워! 내일 보자!
바딤: 내일 보자!

[회화]의 대화를 읽고 이 내용을 간접화법으로 전해 보세요.

아래의 질문에 답하여 짧은 대화문을 완성해 보세요.

1. - Какие вкусные яблоки! Где ты их купила? Сколько заплатила (за них)?

   - ____________________

2. - Ты уверена, что лучше поехать не на море, а на Сораксан. Почему (ты так думаешь)?

   - ____________________

3 - Твой друг в армии. Наверное, ты скучаешь по нему?

- ______________________________

4 - Две недели назад я дала тебе словарь. Почему ты до сих пор не вернул(а) его мне?

- ______________________________

5 - Я привыкла вставать в 6 часов. А ты? Когда ты обычно встаёшь?

- ______________________________

연습문제 6

다음 문장을 완성해 보세요. 필요하면 [별표 1]을 참조하세요.

1 Я не умею ______________________________.

2 Саша вернулся ______________________________.

3 Саша вернул ______________________________.

4 Лара извинилась ______________________________.

5 Люда попрощалась ______________________________.

6 Сергей поблагодарил ______________________________.

7 Вадим не интересуется ______________________________.

8 Сергей предложил ______________________________.

9 Я рад, что ______________________________.

10 Я скучаю ______________________________.

11 Брат поставил ______________________________.

12 Тебе надо положить ______________________________.

13 Почему ты повесил ______________________________?

14 Завтра я пожарю ______________________________.

15 Сейчас сестра варит ______________________________.

러시아 문화 알아보기

러시아의 고등 교육 학위

러시아에서도 대학을 마치면 본인이 수학한 수학 과정에 따라 학사 학위(диплом бакалавра)나 석사 학위(диплом магистра)를 받습니다. 학사 학위를 받기 위한 기본 연한은 최소 4년이고, 이 학위는 졸업 시험에 통과했거나 논문 방어를 마쳤을 때 받게 됩니다.

석사 과정(магистратура)은 2년이고 석사 논문 방어를 마치면 석사 학위를 받게 됩니다. 석사 학위 소지자는 박사 과정(аспирантура)에 입학할 자격을 얻게 됩니다.

학사 학위증이나 석사 학위증에는 이름, 성, 부칭 외에 전문 분야와 학위가 표기될 뿐 아니라 학위 과정 동안 수학한 모든 과목의 수강 시간과 학점이 기재됩니다. 학위기의 표지는 두꺼운 마분지를 붉은색, 혹은 푸른색 비닐로 싸서 제작하는데, 붉은색 학위[(이를 흔히 '붉은 학위(красный диплом)'라 부릅니다)]는 75% 이상의 과목에서 5점(한국 대학의 A에 해당하는 학점)을 획득한 학생들이 받게 됩니다.

학위의 색깔과 관련된 재미있는 농담도 있습니다.

«Лучше иметь синий диплом и красную рожу, чем красный диплом и синюю рожу(푸른 학위와 붉은 얼굴을 가지는 것이, 붉은 학위와 푸른 얼굴을 가지는 것보다 낫다네)».

많은 시간 공부하여 지친 얼굴로 우수 학위를 받는 것보다는 건강한 얼굴로 푸른 학위를 받는 것이 낫다는 러시아 학생들의 농담입니다.

제7과

BAC УСТРАИВАЕТ КОНТРАКТ?

계약서에 만족하시나요?

핵심 표현

- Вас устраивает контракт?

  계약서에 만족하시나요?

5과와 6과에서 공적인 대화의 용례와 구문을 살펴보았습니다. 7과에서도 6과에 이어 입학 절차에 필요한 대화의 예를 보고 필요한 구문을 익혀 보도록 하겠습니다. 특히 계약서에 만족하는지 여부를 묻고 답하고, 서명할 때 필요한 표현들을 살펴봅시다.

УСТРАИВАТЬ – УСТРОИТЬ

- УСТРАИВАТЬ – УСТРОИТЬ의 구문 모델은 다음과 같습니다.
кого? (대격) **устраивать – устроить кто? что?**
직역을 하자면, '~이 ~을 만족시키다'로 해석할 수 있는 구문입니다.

- Меня устраивает контракт.
나는 계약이 만족스럽다. (직역: 계약이 나를 만족시킨다.)

- Студента устраивает общежитие (жизнь в Москве).
학생은 기숙사가(모스크바에서의 삶이) 만족스럽다. (직역: 기숙사가 학생을 만족시킨다.)

- Меня не устраивает комната в общежитии, потому что там холодно.
나는 추워서 기숙사 방이 만족스럽지 않다.
(직역: 거기가 춥기 때문에 기숙사에 있는 방은 나를 만족시키지 못한다.)

- Нину не устраивает муж, потому что он много пьёт.
술을 많이 마시기 때문에 니나는 남편이 만족스럽지 않다.
(직역: 그가 술을 많이 마시기 때문에 남편은 니나를 만족시키지 못한다.)

устраивать / не устраивать 동사를 사용하여 질문에 답하되, 각각 긍정하는 답과 부정하는 답으로 보기와 같이 짧은 대화문을 만들어 보세요.

보기

- Тебя устраивает твоя комната в общежитии?
- а) Да устраивает. Она светлая, большая. Там есть телевизор, холодильник.
  б) Нет, не устраивает. Она неуютная, холодная, и там нет телевизора и холодильника.

1 - Папу устраивает зарплата?

- a) ______
  b) ______

2 - Тебя устраивает расписание занятий?

- a) ______
  b) ______

3 - Вас устраивает экскурсионная программа?

- a) ______
  b) ______

4 - Вас устраивает контракт?

- a) ______
  b) ______

5 - Марину устраивает муж?

- a) ______
  b) ______

ПИСАТЬ 동사

1 писать – написать (что?) 쓰다

- ~ письмо, упражнение, текст, стихи, роман; картину
  편지를 / 연습 문제를 / 텍스트를 / 시를 / 소설을 쓰다; 그림을 그리다

2 переписывать – переписать (что?) 다시 쓰다

- ~ упражнение, тест 연습문제를 / 테스트를 다시 쓰다

3 записывать – записать (что?) 메모하다

- ~ адрес, номер телефона, фамилию 주소를 / 전화번호를 / 성씨를 메모하다

4 выписывать – выписать (что?) (откуда? куда?) 옮겨 적다

- Я выписал слово из словаря в свою тетрадь.
  나는 사전에서 단어를 공책에 옮겨 썼다.

5 описывать – описать (что?) 묘사하다, 서술하다

- ~ лицо человека; внешность человека; картину; место
  사람의 얼굴을 / 사람의 외모를 / 그림을 / 장소를 묘사하다, 서술하다

6 дописывать – дописать (что?) 끝까지 쓰다

- \- Давай пойдём в парк. 같이 공원으로 가자.
  \- Через минуту я допишу упражнение и тогда пойду.
  일 분 뒤면 연습문제를 다 쓰는데 그때 가자.

7 подписывать – подписать (что?) 서명하다

- Папа прочитал контракт и подписал его. 아빠는 계약서를 읽고 그것에 서명하셨다.

주의하세요!

ПИСАТЬ КАРТИНУ / РИСОВАТЬ КАРТИНУ

картина는 рисовать – нарисовать 동사와도, писать – написать 동사와도 함께 쓰일 수 있지만, 전문 화가가 그림을 그렸다고 할 때는 주로 писать – написать 동사를 사용합니다.

- Мальчик нарисовал картину. 소년이 그림을 그렸다.
- Художник написал картину. 화가가 그림을 그렸다.

ПИСАТЬ 계열 동사가 사용된 다음의 예문을 읽어 보세요.

1. Ты написал упражнение очень плохо, тебе надо переписать его.
2. Запиши мой адрес: улица Пушкина, дом 2, квартира 8.
3. Пожалуйста, выпишите из текста (в тетрадь) незнакомые слова и посмотрите значения слов в словаре.
4. - Света передала тебе привет.
   - Я не помню Свету, опиши её, как она выглядит?
   - Света – невысокая, полная девушка, со светлыми длинными волосами в очках.
5. Сегодня я начала писать текст, но не дописала (но не закончила писать). Я очень устала сегодня, поэтому завтра допишу текст.
6. Директор прочитал документы и подписал их.

빈칸에 писать군 동사를 알맞은 형태로 넣고 문장을 소리 내어 읽어 보세요.

1. Девочка написала упражнение с ошибками и поэтому решила ______________ его.
2. Я заполнил анкету и ______________ её.
3. ______________, пожалуйста, мой телефон: 201-2218.
4. В своём дневнике Сон Ми ______________ Кремль и Красную площадь.
5. Задание: ______________ из стихотворения Пушкина незнакомые слова.
6. Саша сказал мне свой адрес, но я не ______________ его, поэтому не знаю, где он живёт.
7. Ты хочешь познакомить меня с Максимом? А он красивый? ______________ его.
8. Весь день школьник ______________ сочинение, он ______________ его до конца только поздно вечером.

어휘 дневник 일기

회화

Track 07

Антон: Здравствуйте! Можно войти?

Секретарь: Да, пожалуйста, входите, проходите. Добрый день! Слушаю вас.

Антон: Я принёс сертификат об образовании, анкету и 2(две) фотографии.

Секретарь: Очень хорошо… Так, всё правильно. Вот, пожалуйста, ваш контракт. Прочитайте. Прочитали? Вас всё устраивает?

Антон: Да, всё.

Секретарь: Тогда подпишите контракт… Теперь вам надо заплатить за обучение и общежитие.

Антон: Где можно заплатить?

Секретарь: На втором этаже в кабинете 232.

Антон: И ещё вопрос: где можно посмотреть расписание занятий?

Секретарь: Оно висит около деканата. Кроме того, вы можете посмотреть его на сайте университета.

Антон: Хорошо, спасибо.

Секретарь: Я должна оформить ваш студенческий билет, для этого нужны две фотографии, принесите, пожалуйста, завтра утром.

Антон: Хорошо, обязательно принесу. Тогда до завтра.

Секретарь: Да, всего доброго!

안톤: 안녕하세요! 들어가도 될까요?

비서: 네, 들어오세요, 이쪽으로 오세요. 안녕하세요! 무슨 일로 오셨지요?

안톤: 교육증명서와 서류, 그리고 사진 두 장을 가지고 왔습니다.

비서: 좋습니다…. 보자, 전부 맞습니다. 자, 여기 당신 계약서가 있어요. 읽어 보시지요. 다 읽으셨나요? 모든 조건에 만족하시나요?

안톤: 네, 전부 좋습니다.

비서: 그럼 계약서에 사인하세요… 이제 학비와 기숙사비를 납부하시면 됩니다.

안톤: 어디서 납부할 수 있지요?

비서: 2층 232호실에서 하시면 됩니다.

안톤: 질문이 더 있는데요. 어디서 수업 시간표를 볼 수 있을까요?

비서: 시간표는 행정실 주위에 걸려 있습니다. 그 외에 대학교 사이트에서도 보실 수 있어요.

안톤: 좋아요, 감사합니다.

비서: 제가 당신의 학생증을 만들어야 하는데요, 그러려면 사진이 두 장 필요합니다. 내일 아침에 가지고 오세요.

안톤: 좋습니다, 꼭 가지고 오겠습니다. 그럼 내일 뵐게요.

비서: 네, 안녕히 가세요!

어휘와 표현

- расписание (чего?) 시간표
  расписание занятий / поездов / самолётов 수업 / 기차 / 비행기 시간표

[회화]의 내용에 따라 주어진 구문을 활용하여 문장을 완성해 보세요.

1. Студент принёс в деканат ____________________

2. Секретарь дал ему ____________________ и попросил ____________________

3. Когда студент прочитал контракт, секретарь спросил, всё ли ____________________

4. Студент подписал контракт и спросил, где ____________________

5. Секретарь ответил, что ____________________

6. Секретарь должен оформить ____________________

7. Для оформления ____________________

연습문제 5

주어진 질문에 답해 보세요.

1. - Ты ещё не дописал(а) доклад? А когда закончишь его?

   - ____________________

2. - Ты начал дружить с однокурсницей? Она красивая? Как она выглядит? Опиши её.

   - ____________________

3. - Ты сделал в домашнем упражнении очень много ошибок! Почему?

   - ____________________

러시아 문화 알아보기

공적 만남에서 지켜야 할 에티켓

어느 문화권에나 일상적인 만남과 공적인 만남이 존재합니다. 공적인 만남에서는 사용하는 어휘나 지켜야 하는 에티켓이 달라지기 마련이지요. 러시아의 공적 만남에서는 어떤 규칙을 지켜야 하는지 살펴봅시다.

먼저 인사를 나눌 때는 악수를 하는 것이 일반적인 에티켓입니다. 이때 통상 연장자가 먼저 악수를 제안합니다. 남녀의 경우에도 이러한 룰은 그대로 지켜집니다. 양손으로 손을 잡고 악수하는 것은 허용되지 않는데, 그러한 몸짓은 자칫 선심을 쓰거나 관대한 척 하는 것으로 비추어질 수 있기 때문입니다. 문턱이나 탁자, 혹은 앉아 있는 사람의 머리 위로 악수하는 일도 에티켓을 벗어나는 일입니다.

서로 소개를 할 때는 나이가 어리거나 직급이 낮은 사람이 먼저 자신의 이름을 말해야 합니다. 또 어떤 협상을 진행하려고 여러 사람이 만난 경우에는 주최 측이 손님들을 서로에게 소개해 줍니다. 이때 지켜야 할 에티켓의 하나는 여성에게 남성을 소개한다는 점입니다. 남성에게 남성을 소개할 때 남성은 일어서야 하지만, 여성은 자기보다 훨씬 나이가 많거나 직급이 높은 여성이나 남성에게 소개할 때만 일어서면 됩니다.

또 공식적인 만남에서는 이름과 부칭으로 부르거나(Иван Петрович, Ирина Сергеевна), господин(남성)과 госпожа(여성)를 성과 결합시켜 불러야 합니다(господин Смирнов, госпожа Смирнова).

제 8 과

МОЖНО ЗАДАТЬ НЕСКОЛЬКО ВОПРОСОВ?

몇 가지 질문을 드려도 될까요?

핵심 표현

- Можно задать несколько вопросов?
  몇 가지 질문을 드려도 될까요?

여러분이 이미 알고 있는 것처럼 <МОЖНО, МОЧЬ – СМОЧЬ + 동사원형>의 구문은 다양한 상황에서 사용됩니다. 하지만 러시아어를 모국어로 사용하지 않는 화자는 종종 이 단어들의 구체적인 의미를 잘 이해하지 못하여 실수를 범하곤 합니다. 때로 이 단어들은 그 의미만 다르게 사용되는 것이 아니라, 사용되는 영역 자체가 구분되기도 합니다. 이 과에서는 <МОЖНО, МОЧЬ – СМОЧЬ + 동사원형>의 쓰임을 보다 자세히 익혀 여러분의 대화에 정확하게 사용할 수 있도록 연습해 보고자 합니다.

 어휘-문법 1

МОЖНО/МОЧЬ

МОЖНО와 МОЧЬ는 허락을 구하거나, 허락을 구하는 말에 대한 답을 할 때 사용됩니다 (СМОЧЬ 동사는 МОЧЬ의 완료상이지만 이런 의미로는 사용되지 않습니다). 그렇다면 이 두 단어의 쓰임은 서로 어떻게 다를까요? 허락을 구할 때 МОЧЬ 동사를 사용하면 이 말은 보다 공적으로 들립니다. 그래서 주로 공적인 관계에서 사용하게 됩니다. 이러한 뉘앙스 차이를 염두에 두고 가장 널리 사용되는 용례들을 살펴봅시다.

МОЖНО	МОЧЬ
- Можно войти(СВ)? 들어가도 될까요? - Да, можно. / Да, входите. 네,됩니다. / 네, 들어오세요. - Нет, нельзя. 아니요, 안 됩니다.	Я могу войти? / Могу ли я войти? 들어가도 되겠습니까?
- Можно выйти(СВ)? 나가도 될까요? - Да, можно. / Да, выходите. 네, 됩니다. / 네, 나가세요. - Нет, нельзя. 아니요, 안 됩니다.	Я могу выйти? / Могу ли я выйти? 나가도 되겠습니까?
- Можно взять(СВ) эту книгу? 이 책을 가져가도 될까요? - Да, можно. / Да, возьмите 네, 됩니다. / 네, 가져가세요.	- Могу ли я взять эту книгу? 이 책을 가져가도 되겠습니까? - Да, можете. / Да, возьмите, пожалуйста. 네, 가져가세요. - Нет, не можете. 아니요, 가져가실 수 없습니다.
- Алло! Анна Сергеевна, у меня есть несколько вопросов. Можно задать их сейчас? 여보세요! 안나 세르게예브나, 제가 몇 가지 질문이 있는데요. 지금 질문을 해도 될까요? - Да, пожалуйста, спрашивайте. 네, 질문하세요. - Извините, сейчас я занята. Позвоните через 20 минут. 미안해요, 내가 지금 바빠요. 20분 후에 전화하세요.	
- Профессор, у меня есть несколько вопросов. Когда можно прийти к вам/в ваш кабинет? 교수님, 제가 몇 가지 질문이 있는데요. 언제 연구실로 찾아뵈어도 될까요? - Приходите после лекции. 수업 후에 오세요.	

여러분이 본 것처럼 허락을 구하는 의미로 МОЖНО, МОЧЬ를 사용할 경우에는 주로 완료상 동사가 뒤에 오게 됩니다. 구체적인 허락을 구하는 경우가 많으니까요.

- Можно войти(СВ)? Могу я взять(СВ) эту книгу?

하지만 반복적이거나 지속적인 일에 관한 허락을 구할 때는 당연히 불완료상 동사가 오게 됩니다.

- Можно звонить тебе по вечерам? 너한테 저녁마다 전화해도 되니?
- Я устал, можно завтра весь день отдыхать? 나는 피곤해. 내일 하루 종일 쉴 수 있을까?

주어진 상황을 파악하고 МОЖНО나 МОЧЬ를 사용하여 짧은 대화문을 만들어 보세요.

1. В магазине вы хотите примерить пальто / брюки / кроссовки. Спросите продавца.

- ______________________________?
- ______________________________.
- ______________________________.

2. Вы забыли дома тетрадь с домашним заданием. Вы хотите дать домашнее задание преподавателю на следующей лекции. Спросите преподавателя.

- ______________________________?
- ______________________________.
- ______________________________.

3. Вы работаете в фирме. Сегодня вы заболели и хотите пойти в поликлинику, поэтому вам надо уйти с работы раньше, чем обычно. Спросите директора.

- ______________________________?
- ______________________________.
- ______________________________.

주의하세요!

의문문에서 МОЖНО, МОЧЬ를 사용하여 허락을 구할 때는 당연히 논리적인 강조점이 МОЖНО, МОЧЬ에 오게 됩니다.

- Можно войти?
- Я могу войти?
- Могу ли я войти?

어휘-문법 2

МОЧЬ – СМОЧЬ, МОЖНО

이제 МОЧЬ – СМОЧЬ, МОЖНО의 또 다른 쓰임을 살펴보도록 합시다. 크게 보면 '~할 수 있다/없다'로 해석될 수 있을 두 번째 의미가 МОЧЬ – СМОЧЬ와 МОЖНО라는 단어를 통하여 어떻게 다르게 구현되는지 살펴봅시다.

먼저 МОЧЬ – СМОЧЬ 동사는 주로 다음의 세 가지 경우에 사용됩니다.

а) 가능성: 어떤 행위를 수행할 수 있을지, 그 가능성 혹은 불가능성에 대하여 말할 때
б) 능력: 어떤 행위를 수행할 능력이 있는지, 없는지에 관하여 말할 때
в) 조언을 하거나 구할 때

반면 МОЖНО는 조언을 하거나 구할 때만 사용됩니다. 그리고 일상 회화에서는 МОЧЬ – СМОЧЬ 보다는 МОЖНО가 조언을 주고받는 상황에서 훨씬 빈번하게 사용됩니다.

МОЧЬ – СМОЧЬ	МОЖНО
а) 가능성	조언
Конечно, вечером я могу/смогу пойти(СВ) с тобой в кино. 물론 저녁에 너와 같이 영화관에 갈 수 있어.	- Извините, где можно купить русские сувениры? 죄송한데요, 어디서 러시아 기념품들을 살 수 있을까요? - (Русские сувениры можно купить) в магазине «Русь». 상점 '루시'에서요.
Извини, я не могу/смогу пойти(СВ) с тобой в кино. 미안해, 나는 너와 영화관에 갈 수 없어.	- Скоро каникулы, не знаю, куда поехать. 곧 방학인데, 어디로 가야 할지 모르겠어. - Можно поехать в Китай – недалеко и недорого. 중국으로 가지 그래. 가깝고 싸고.
Завтра я могу/смогу помочь(СВ) тебе. 내일 나는 너를 도와줄 수 있어.	- Завтра фестиваль, а у нас нет хорошей гитары. Как ты думаешь, у кого можно взять (гитару)? 내일 축제인데 우리는 좋은 기타가 없네. 누구에게 기타를 빌릴 수 있을까?
Я могу/смогу помогать(НСВ) тебе всегда. 나는 항상 너를 도와줄 수 있어.	
Извини, вчера я не могла/не смогла позвонить(СВ) тебе. 미안해, 어제 나는 너한테 전화할 수가 없었어.	
- Ты сможешь завтра помочь мне? 내일 나한테 전화할 수 있어? - Да, смогу. 응, 할 수 있어. - Нет, извини, не смогу. Я буду занят. 아니, 미안해. 할 수 없을 거야. 내가 바쁠 거야.	

б) 능력

- Текст очень трудный, мы не смогли перевести его. 텍스트가 매우 어려워서 우리는 그것을 번역해 낼 수 없었다.
- Текст очень трудный, но мы смогли перевести его. 텍스트가 매우 어려웠지만 우리는 그것을 번역해 낼 수 있었다.
- Он плохо сдал экзамен, и не смог поступить в Сеульский университет. 그는 시험을 잘 치지 못했고, 서울대학교에 입학할 수 없었다.
- Я хотел отремонтировать компьютер, но не смог. 컴퓨터를 고치고 싶었지만 고칠 수가 없었다.

в) 조언

- \- Извините, где я могу купить русские сувениры? 죄송한데요, 제가 어디서 러시아 기념품들을 살 수 있을까요?
- \- (Вы можете купить сувениры) в магазине «Русь». 상점 '루시'에서요.

\- Можно (взять) у Антона, у него прекрасная гитара. 안톤에게서 빌리는 것이 좋을 거야. 안톤이 아주 좋은 기타를 가지고 있거든.

어휘-문법 3

МОЧЬ / СМОЧЬ

1 СМОЧЬ의 의미

МОЧЬ/СМОЧЬ의 과거형(МОГ, МОГЛА, МОГЛО, МОГЛИ / СМОГ, СМОГЛА, СМОГЛО, СМОГЛИ) 중 СМОЧЬ 동사의 과거형을 부정형으로 사용하면 화자가 정말 강하게 원했는데 그 일을 하지 못했다는 것을 강조하게 됩니다. 다음의 두 문장을 비교해 보세요.

1) Извини, вчера я не мог позвонить тебе.
2) Извини, вчера я не смог позвонить тебе.

기본적으로 "미안해, 어제 내가 너에게 전화할 수 없었어."라는 뜻을 전하지만, 2)의 경우는 정말 전화를 하고 싶었지만 할 수가 없었다는 의미를 강조하게 됩니다. 1) 문장에는 그러한 뉘앙스는 없고, 단순히 할 수 없었다는 사실만을 전합니다.

이러한 뉘앙스는 МОЧЬ의 현재형(могу, можешь, может, можем, можете, могут)이나 СМОЧЬ의 미래형(смогу, сможешь, сможет, сможем, сможете, смогут)의 경우에도 동일하게 유지됩니다. СМОЧЬ의 미래형에는 МОЧЬ 동사에는 없는 '매우 원하다'라는 뉘앙스가 포함되어 있습니다.

- **Завтра я не могу пойти с тобой в кино.** 내일 나는 너랑 영화관에 못 가. (단순한 사실 전달)
- **Завтра я не смогу пойти с тобой в кино.** (너무 원하지만) 나는 내일 너랑 영화관에 갈 수가 없어. (부가적 뉘앙스가 더해짐)

2 МОЧЬ – СМОЧЬ + 동사원형

МОЧЬ – СМОЧЬ 뒤에 반복적이거나 지속적으로 일어나는 행위가 동사원형으로 오게 될 때는 불완료상 동사원형을 사용하고, 1회적으로 완료할 일이 오게 되면 완료상 동사원형을 사용합니다.

- **Я могу всегда помогать(НСВ) тебе.** 나는 항상 너를 도울 수 있어.
- **Завтра я смогу весь день помогать(НСВ) тебе.** 내일 나는 하루 종일 너를 도울 수 있어.

- **Завтра я смогу помочь(СВ) тебе.** 내일 나는 너를 도울 수 있어.

또 не надо, не нужно, не должен처럼 러시아어에서 조동사 역할을 하는 단어들의 뒤에 동사원형이 올 때 부정어 뒤에는 반드시 불완료상 동사원형이 오던 것과는 달리 **не мочь – не смочь 뒤에 완료상 동사원형도, 불완료상 동사원형도 올 수 있습니다.**

- **Я не (с)могу всегда помогать(НСВ) тебе.** 나는 항상 너를 도울 수는 없어.
- **Завтра я не (с)могу весь день помогать(НСВ) тебе.** 내일 나는 하루 종일 너를 도울 수는 없을 거야.
- **Завтра я не (с)могу помочь(СВ) тебе.** 내일 나는 너를 도울 수 없을 거야.

МОЧЬ – СМОЧЬ 또는 МОЖНО를 사용하여 다음의 질문에 답해 보세요.

1 - Давай в воскресенье вечером пойдём на фотовыставку. Ты сможешь?

- ______________________________

____

2 - Ты не знаешь, где можно купить хороший русско-корейский словарь?

- ______________________________

____

3 - Ты сказал, что не смог поздравить бабушку с днём рождения. Почему?

- ______________________________

____

4 - Младшая сестра не смогла сделать домашнее задание по английскому языку. Почему ты не помог ей?

- ______________________________

____

주의하세요!

~할 줄 알다 / 모르다(능력)

불완료상 **мочь**(= **уметь**) 동사는 능력, 즉 '~을 할 수 있다/없다'는 이야기를 할 때도 사용됩니다. 이 경우에는 **можно**로 대체하여 사용할 수 없습니다.

- **Ты можешь / умеешь водить машину?** 자동차 운전할 수 있어?
- **Да, могу / умею.** 응, 할 줄 알아.
- **Нет, не могу / не умею.** 아니, 할 줄 몰라.

회화

Track 08

1

А: Мама, можно вечером пойти в ночной клуб?

Б: В ночной клуб? Что ты!? Конечно, нельзя! Когда окончишь университет и будешь самостоятельным, тогда будешь делать, что хочешь (тогда делай, что хочешь).

2

А: Папа, мы с друзьями решили поехать завтра на море. Можно взять твою машину?

Б: Возьми, но только поезжай осторожно!

3

А: Если ты не забыл, в субботу у меня будет день рождения.

Б: Конечно, я помню.

А: Круглая дата, поэтому я решила пригласить в гости всех друзей. Приходи в 4 часа.

Б: Ой, в 4 часа я никак не смогу (прийти). Можно прийти позже, часов в 6?

А: Конечно, можно. Но обязательно приходи!

4

А: Помоги мне, пожалуйста, приготовить борщ.

Б: Ой, извини, я не могу (не умею) готовить борщ. Давай попросим Машу, она прекрасно готовит.

5

А: Ты не знаешь, где здесь можно вкусно и недорого пообедать?

Б: В кафе «Встреча». Оно находится около библиотеки.

1

А: 엄마, 저녁에 나이트 클럽에 가도 돼요?

Б: 나이트 클럽에? 무슨 소리야! 당연히 안 되지! 대학 졸업하고 독립적으로 살게 되면, 그때 하고 싶은 것 하며 살렴.

2

А: 아빠, 친구들이랑 내일 바다에 가기로 했어요. 아빠 차 가져가도 돼요?

Б: 가져가, 하지만 꼭 조심해서 몰아라!

3

А: 혹시 안 잊어버렸으면, 토요일이 내 생일이야.

Б: 물론, 기억하지.

А: 0으로 끝나는 나이가 되어서 모든 친구들을 초대하기로 했어. 네 시에 와.

Б: 아이고, 네 시에는 어떻게 해도 갈 수가 없어. 좀 늦게 6시쯤 가도 될까?

А: 물론, 되지. 하지만 꼭 와!

4

А: 보르쉬 요리하는 것 좀 도와줘.

Б: 아이고, 미안해, 나는 보르쉬 요리할 줄 몰라. 마샤에게 부탁해 보자. 요리를 아주 잘하거든.

5

А: 여기 어디서 싸고 맛있게 점심 먹을 수 있는지 혹시 알아?

Б: '만남' 카페에서. 도서관 옆에 있어.

연습문제 3

5개의 짧은 대화문을 읽고 각각의 대화문에서 МОЖНО, МОЧЬ – СМОЧЬ가 어떤 의미로 쓰였는지 정리해 보세요.

1 ______________________________

____

2 ______________________________

____

3 ______________________________

____

4 ______________________________

____

5 ______________________________

____

연습문제 4

주어진 문장에 이어 세 문장을 더해 짧은 글을 완성해 보세요.

1 Вчера мама попросила меня вернуться домой пораньше, но я не смог.

____

____

____

2 Можно взять твой телефон?

____

____

____

러시아 문화 알아보기

러시아의 교실 에티켓

러시아인은 공공기관이나 사무실에 들어가기 전에 «Можно войти?(들어가도 될까요?)»라는 질문을 자주합니다. 하지만 «Можно войти?»와 «Можно выйти?(나가도 될까요?)»라는 질문을 가장 많이 하는 것은 초·중·고등학생들입니다. 러시아 초·중·고등학교의 에티켓에 따르면 수업에 늦은 학생은 무엇보다 먼저 선생님께 «Можно войти?»라는 질문을 해야 합니다. 이 때 교사가 들어와도 좋다는 답을 하면, 학생은 들어가서 늦은 것에 대해 사과를 드리고 자기 자리에 앉아도 될지를 여쭈어 보아야 합니다. «Извините за опоздание. Можно сесть на место?(늦어서 죄송합니다. 자리에 앉아도 될까요?)»라고 재차 허락을 받은 후에 자기 자리에 앉을 수 있습니다.

수업 중에 화장실 등의 용무로 밖에 나가야 할 일이 생기면 학생은 손을 들고 교사의 주의를 끈 후 «Можно выйти?»라고 질문해야 합니다. «Можно в туалет?(화장실 가도 될까요?)», «Мне надо (пойти) в туалет.(저 화장실 가야 해요.)» 등은 무례한 표현으로 간주됩니다.

대학에서는 유사한 상황에서 특별히 요구되는 엄격한 에티켓은 없습니다. 강의에 늦은 학생들은 가능한 눈에 띄지 않게 들어와 빈 자리에 앉아 수업을 방해하지 않으려고 애쓰고, 강의실에서 나가야 할 필요가 생길 때에도 가능한 조용히 나가려 하는 것이 기본적으로 지켜야 할 예절입니다.

제9과

ВАМ НАДО НАПИСАТЬ ЗАЯВЛЕНИЕ.

신청서를 작성해야 합니다.

핵심 표현

- Вам надо написать заявление.
  당신은 신청서를 작성해야 합니다.

이 과에서는 여러분이 학교 기관에서 제출해야 하는 간단한 서류 작성에 관하여 배워 보고, 또 실제로 그러한 서류를 작성해 봅시다. 예를 들어 여러분이 재학 중에 휴학을 해야 할 경우에는 휴학계를 내는 것처럼 러시아에서도 동일한 양식을 제출해야 합니다. 이 과에서는 이러한 서류 작성에 사용되는 표현을 익히고 서류를 작성해 본 후 서류 제출과 관련된 대화문을 익혀 봅시다.

С… ДО… vs. С… ПО… ~부터 ~까지

C… ДО…와 C… ПО…는 모두 '~부터 ~까지'라는 뜻이지만 각각 그 활용 범위가 다릅니다. 먼저 C… ДО…는 시간, 분 등과 생격으로 결합합니다.

- Отец работает с девяти часов до шести (часов).
  아버지는 9시부터 6시까지 일하신다.
- Лекция по экономике будет в аудитории № 201 с десяти тридцати до одиннадцати сорока пяти. 경제학 강의는 201호실에서 10시 반부터 11시 45분까지 있을 것이다.

반면 C… ПО…는 요일, 월, 년, 날짜 등과 결합합니다. 여러분이 알고 있는 것처럼 날짜, 년 등을 표현할 때는 서수사를 사용합니다. 그리고 이러한 의미로 по를 사용할 때 **по는 여격이 아니라 대격을 지배한다는 사실에 주의하세요.**

- Брат учился в университете с тысяча девятьсот девяносто восьмого года по две тысячи второй. 형은 대학에서 1998년부터 2002년까지 재학했다.

전치사의 격 지배에 따라 수사나 기타 시간 명사를 잘 활용하기 위해서 아래의 표를 꼼꼼히 익혀 봅시다.

С + 생격 ДО + 생격		С + 생격 ПО + 대격
время		1. **день недели**
час – с (до)	часа	Я буду отдыхать с четверга по субботу.
два	двух	
три	трёх	2. **месяц**
четыре	четырёх	Мы были в Москве с марта по май.
пять	пяти	3. **число**
шесть	шести	Я буду отдыхать на море с первого по десятое августа / с двадцать второго по тридцать первое октября.
семь	семи	
восемь	восьми	
девять	девяти	
десять	десяти	4. **год**
одиннадцать	одиннадцати	Брат учился в университете с тысяча девятьсот девяносто восьмого года по две тысячи второй (год).
двенадцать	двенадцати	
пятнадцать	пятнадцати	
двадцать пять	двадцати пяти	
тридцать	тридцати	5. **число, месяц, год**
сорок	сорока	Он был в России с первого сентября тысяча девятьсот девяносто девятого года по тридцать первое мая две тысячи второго года.
пятьдесят	пятидесяти	

С… ДО…, С… ПО… 중 적절한 전치사의 쌍을 선택하여 빈칸에 넣어 문장을 완성해 보세요.

1. В нашей фирме обед ____________________.
   (12:00 ~ 13:00)
2. Студенты учились во Владивостоке ____________________.
   (сентябрь – декабрь)
3. Экзамены будут ____________________.
   (19 ~ 23 октября)
4. Отец работал в Китае ____________________.
   (1999 ~ 2003)
5. Этот музей работает ____________________.
   (вторник – воскресенье)
6. Первая пара идёт ____________________.
   (9:00 ~ 10:30)

주어진 문장을 바르게 소리 내어 읽어 보세요. 괄호 안에 있는 단어는 적절한 형태로 바꾸어 읽어 보세요.

1. Я читал роман с (среда) по (воскресенье).
2. Мы отдыхали на море с 10 по 17 августа.
3. Обычно наша семья завтракает с 8:00 до 8:30.
4. Отец учился в университете с 1984 по 1988 год.
5. Мы занимались в библиотеке с 3:00 до 7:00.
6. Наша семья жила в Сеуле с 2003 по 2009 год.
7. Я подрабатывала в магазине с 21 сентября по 28 октября.
8. Я дружил с Анной с (март) по (октябрь), но потом мы расстались.
9. Вчера я спал с 12:00 до 6:00.
10. Сегодня я спал до 4:00, поэтому весь день хочу спать.
11. Я занимался на курсах английского языка с 2.09 по 15.12.

어휘 расстаться 헤어지다

어휘-문법 2

КАК НАПИСАТЬ ЗАЯВЛЕНИЕ?

그렇다면 러시아 학교나 직장에서 사용하는 신청서의 서식은 어떻게 작성할 수 있을까요? '신청서'는 러시아어로 **ЗАЯВЛЕНИЕ**라고 하며, 이는 상급기관이나 상급자에게 부탁, 청원의 형식으로 제출하는 문서입니다. 직장에서라면 취직하거나 퇴직할 때, 휴가를 얻기 원할 때 사용할 수 있고, 학교라면 휴학이나 단기 방학을 청할 때 사용합니다. **ЗАЯВЛЕНИЕ**는 일정한 형식에 따라 작성해야 하며 몇 가지 요소로 이루어집니다.

먼저 도입부가 필요합니다. 이를 흔히 **ШАПКА**(모자)라고 부르는데, 형식상 우측 상단에 기재합니다. 여기에는 이 신청서가 누구를 수신인으로 하고 있는지를 기재하고(우선 수신자의 직위, 그의 성을 씁니다) 이어 발신자, 청원자를 기재합니다.

두 번째 부분이 일종의 본문입니다. 보통 **«Прошу Вас…»**라는 표현으로 시작하고 이어 청원이나 청탁의 내용과 왜 그런 부탁을 하는지를 써야 합니다. **«Прошу Вас…»**를 보아도 알겠지만, 청원서에서 **вы**는 반드시 대문자로 시작하도록 써야 합니다.

마지막 결론부에는 작성 날짜와 작성자의 사인을 첨부합니다.

매우 널리 사용되는 양식이지만 공식적인 문서에 해당하기 때문에 일상에서 사용하는 어휘보다는 공적인 어휘를 사용해야 합니다. 예를 들면 **дать**(주다) 대신 **предоставить**(수여하다, 제공하다), **потому что**(왜냐하면) 대신 접속사 **так как**(~로 인하여)을 사용하는 식입니다.

청원서의 예를 보세요.

Декану исторического
факультета МГУ
Смирнову В.И.
от студентки группы 131
Ким Сон Ми

Заявление

Прошу Вас предоставить мне академический отпуск с января по сентябрь 2020 года, так как мне нужно поехать в Америку изучать английский язык.

12 декабря 2019 г.

Ким Сон Ми

회화

1 Track 09-1

Декан: Здравствуйте, проходите, садитесь. Слушаю вас.

студентка: Я хотела бы взять академический отпуск.

Декан: А что случилось?

студентка: Дело в том, что мне нужно поехать в Америку изучать английский язык.

Декан: Понимаю. Как долго вы будете в Америке?

студентка: С января по сентябрь.

Декан: Хорошо, тогда вы должны написать заявление.

студентка: Заявление? Я не знаю, как.

Декан: Вот, пожалуйста, образец.

2 Track 09-2

студентка: Здравствуйте, Владимир Иванович!

Декан: Добрый день! Слушаю вас.

студентка: Мне необходимо взять каникулы с пятого по пятнадцатое ноября.

Декан: А что случилось?

студентка: Дело в том, что моя мама серьёзно заболела, я должна ухаживать за ней.

Декан: Да-да, конечно, но вам надо написать заявление.

1

학장: 안녕하세요, 들어와 앉으세요. 무슨 일인가요?

학생: 휴학을 하고 싶습니다.

학장: 무슨 일이지요?

학생: 실은 제가 영어를 공부하기 위해 미국에 가야 합니다.

학장: 그렇군요. 얼마나 미국에 있을 거지요?

학생: 1월부터 9월까지입니다.

학장: 좋습니다, 그럼 신청서를 써야 합니다.

학생: 신청서요? 어떻게 써야 하는지 모르는데요.

학장: 자, 여기 샘플이 있습니다.

2

학생: 안녕하세요, 블라디미르 이바노비치!

학장: 안녕하세요! 무슨 일이시지요?

학생: 11월 5일부터 15일까지 학교에 올 수가 없습니다.

학장: 무슨 일이지요?

학생: 저희 어머니가 많이 아프셔서 제가 어머니를 돌보아 드려야 해서요.

학장: 그렇군요, 물론입니다. 하지만 신청서를 작성해야 합니다.

어휘와 표현

- **ухаживать** (за кем? за чем?): 간병하다, 돌보다(불완료상을 더 많이 사용)
  구혼하다, 쫓아다니다

  - Бабушка болеет, мы ухаживаем за ней. 할머니가 아프셔서 우리가 할머니를 돌보아 드리고 있어.
  - В нашем доме много цветов, мама ухаживает за этими цветами.
    우리 집에는 꽃이 많아서 엄마가 그 꽃들을 돌보고 계셔.
  - Вадиму нравится Лариса. Он ухаживает за ней.
    바딤은 라리사를 좋아해. 그는 라리사를 쫓아다녀.

[회화]를 읽고, 그 내용에 따라 학생이 발신인, 학장이 수신인인 청원서를 써 보세요.

다음 질문에 답해 보세요.

1. - Почему ты не записала телефон Иры? Теперь мы не можем позвонить ей.
   - ______________________________

2. - Тебя не устраивает твоя работа? Почему?
   - ______________________________

3. - Почему ты не дописал тест? Ты получишь низкую (плохую) оценку.
   - ______________________________

4. - За кем ухаживает Саша?
   - ______________________________

5. - Почему твоя сестра не хочет ухаживать за больной бабушкой?
   - ______________________________

6. - Ты хочешь взять академический отпуск? А что случилось?
   - ______________________________

7. - Семестр недавно начался, а ты хочешь взять каникулы? Почему?
   - ______________________________

8. - Что сказал профессор, когда проверил твоё домашнее задание?
   - ______________________________

9. - Что ответила Маша, когда ты спросила её о планах на субботу?
   - ______________________________

주어진 상황에 따라 '학장님과의 대화'를 담은 대화문을 만들어 보세요.

Ситуация 1

Студент 1: Вы студент математического факультета Петербургского университета. Вы хотели бы взять академический отпуск. Поговорите с деканом, объясните причину.

Студент 2: Вы декан математического факультета Петербургского университета. Вы разговариваете со студентом, который хотел бы взять академический отпуск. Спросите студента о причине такого решения, о сроках и т.д.

Ситуация 2

Студент 1: Вы корейский студент, в настоящее время учитесь в МГУ на факультете мировой экономики. Вам надо поехать в Корею на несколько дней, поэтому вы хотели бы взять каникулы. Поговорите с деканом, объясните причину.

Студент 2: Вы декан факультета мировой экономики МГУ. Вы разговариваете со студентом, который хочет взять каникулы на несколько дней. Спросите студента о причине, о сроках и т.д.

연습문제 6

아래의 문장을 시작으로 세 문장을 더해 짧은 텍스트를 써 보세요.

1. Сегодня утром Мэри ходила в деканат.

2. Я решил взять академический отпуск.

러시아 문화 알아보기

Челобитная, Прошение, Заявление

신청서로 번역될 수 있는 Заявление는 주어진 형식에 따라 어떤 기관이나 단체의 해당 직위 보직자를 수신인으로 하여 공식적으로 무언가를 요청하는 문서입니다. 신청서는 아주 다양한 상황에서 쓰게 됩니다. 교육기관에 입학하거나 자퇴할 때, 직장에 입사하거나 퇴사할 때, 휴학을 하거나 휴가를 낼 때도 모두 신청서를 제출해야 합니다. 법률기관, 즉 경찰이나 검찰, 법원에도 신청서를 제출할 수 있습니다.

러시아에서 신청서를 서식으로 제출하는 전통은 매우 긴 역사를 가지고 있습니다. 18세기까지는 그러한 신청서를 Челобитная라고 불렀습니다. 이 복잡한 명사는 '(이마가 땅에 닿도록) 몸을 깊이 숙여 절하다'라는 의미의 «челом бить(이마로 치다)»라는 표현에서 파생되었습니다. 당시에 Челобитная는 언제나 황제에게 올리는 것이었기에 엄격한 구조를 갖추어 작성해야 했습니다. «челом бью(이마를 조아리며)»라는 표현을 반드시 사용했고, 그 후에야 본인이 청하는 것이 무엇인지 쓸 수 있었습니다. «челом бью»라는 표현은 현재는 고어로 이해되지만, 농담으로 '간절하게 청한다'는 뜻으로 사용할 수도 있습니다.

18세기에는 Челобитная라는 단어 대신 '청하다'라는 뜻의 просить라는 동사에서 파생된 Прошение라는 단어를 사용하게 되었습니다. 이와 더불어 서식도 조금 바뀌어 «челом бью» 라는 표현 대신 «нижайше прошу(낮게 엎드려 청합니다)»라는 표현으로 글을 시작했다고 합니다.

Заявление라는 단어가 널리 쓰이게 된 것은 20세기의 일로 이 단어는 '말하다, 알리다, 알게 하다'라는 뜻의 заявлять 동사에서 파생된 것입니다.

제10과

Я ХОТЕЛ БЫ ПРОДЛИТЬ ВИЗУ.

비자를 연장하고 싶습니다.

핵심 표현

- Моя виза кончается, мне надо продлить её.
  저의 비자가 끝나가서 연장을 해야 합니다.

공식적인 말하기를 다루는 마지막 과인 이번 과에서는 유효기간이 있는 공식 서류의 기간 연장과 관련된 다양한 표현을 익혀 봅시다. 러시아에 거주하게 되면 비자나 학생증 기간 만료 등 다양한 상황에 처하게 됩니다. 이번 과에서는 그러한 상황에서 사용할 수 있는 구문을 익히고 다양한 회화 예문을 살피고자 합니다.

어휘-문법 1

ДЕЙСТВИТЕЛЕН, ДЕЙСТВИТЕЛЬНА, ДЕЙСТВИТЕЛЬНО, ДЕЙСТВИТЕЛЬНЫ

여러분도 러시아 형용사의 단어미형에 관하여 알고 있습니다. 먼저 널리 쓰이는 단어미 형용사를 살펴볼까요?

- мал, мала, мало, малы 작다
- велик, велика, велико, велики 크다
- прав, права, право, правы 옳다
- свободен, свободна, свободно, свободны 자유롭다

이 과에서는 빈번하게 사용되는 또 하나의 단어미 형용사의 쓰임을 익혀 보도록 합시다.

ДЕЙСТВИТЕЛЕН, ДЕЙСТВИТЕЛЬНА, ДЕЙСТВИТЕЛЬНО, ДЕЙСТВИТЕЛЬНЫ 유효하다

이 형용사 단어미형은 서류나 기타 자료(여권, 신용카드, 계약서, 비자, 할인 쿠폰 등)의 유효기간을 표시할 때 사용합니다. 그러다 보니 종종 아래와 같은 시간 표현과 결합합니다.

- Паспорт действителен до ноября этого года. 여권은 올해 11월까지 유효하다.
- Эта медицинская справка действительна год / в течение года.
  이 병원 진단서는 일 년 간 / 일 년 동안 유효하다.

그리고 **быть** 동사와 결합하여 과거, 현재, 미래 시제로 쓰일 수도 있습니다.

- Паспорт действителен с 2012 по 2022 год.
  여권은 2012년에서 2022년까지 유효하다.
- Виза была действительна до 2018 года. 비자는 2018년까지 유효했다.
- Удостоверение будет действительно с января по май.
  이 증명서는 1월부터 5월까지 유효할 것이다.

주의하세요!

ДЕЙСТВИТЕЛЬНО

형용사 단어미형 действительно와 '진짜로(подлинно, правда, на самом деле)'를 뜻하는 부사 действительно를 혼동해서는 안 됩니다.

- 형용사 단어미형: Удостоверение <u>действительно</u> с января по май.
  서류는 1월부터 5월까지 유효하다.
- 부사: Он <u>действительно</u> хорошо говорит по-русски. 그는 정말로 러시아어를 잘한다.

한편 이 단어는 식료품, 화장품 등 물건의 유효기간을 말하는 데는 사용되지 않습니다. 상품의 포장지에 유통기간을 표시할 때는 **«срок годности…** (유효기간은 ~)»이라는 표현을 쓰거나 또는 **годный**(유효한)의 단어미 형용사를 사용하여 **«годен до…** (~까지 유효하다)»와 같은 표현을 사용합니다.

형용사 단어미형 действителен, действительна, действительно, действительны를 사용하여 빈칸에 알맞은 답을 쓰세요.

1. Виза ______________ до ______________ (24, январь).
2. Эта кредитная карточка ______________ до ______________ (март).
3. В супермаркете мы получили купоны, они ______________ (месяц) / в течение ______________ (месяц).
4. Студенческий билет ______________ до ______________ (31, август), потом тебе надо продлить его.
5. Наш контракт с компанией «Восток» был ______________ до ______________ (2017, год), и мы не продлили его.

ЕЖЕДНЕВНЫЙ, ЕЖЕНЕДЕЛЬНЫЙ, ЕЖЕМЕСЯЧНЫЙ, ЕЖЕГОДНЫЙ

- 러시아어에는 슬라브어 어근 еже (каждый)를 동반한 부사와 형용사가 있습니다. еже는 다양한 시간 단위(예를 들면 день, неделя, месяц, год 등)와 결합하여 '해당 시간 단위마다 있는'이라는 뜻을 더해 줍니다.

ежедневный 매일 있는	ежедневно 매일
еженедельный 매주 있는	еженедельно 매주
ежемесячный 매달 있는	ежемесячно 매달
ежегодный 매년 있는	ежегодно 매년

예문을 한번 살펴볼까요?

- Я читаю еженедельную газету «Экономика». 나는 주간 신문 '경제'를 읽는다.
- Мы готовим ежемесячный отчёт. 우리는 월간 보고서를 작성하고 있다.
- В ноябре наш университет проводит ежегодную конференцию преподавателей русского языка.
  11월에 우리 대학은 러시아어 강사들의 연례 콘퍼런스를 연다.
- Таня ежедневно гуляет в этом парке. 타냐는 이 공원에서 매일 산책한다.
- Директор еженедельно проводит собрания. 기관장은 매주 회의를 개최한다.
- Я ежемесячно получаю зарплату. 나는 매달 월급을 받는다.
- Ежегодно на наш факультет поступают 50 студентов.
  매년 우리 단대에는 50명의 학생들이 입학한다.

회화

В международном департаменте

국제교류처에서

1 Track 10-1

А: Здравствуйте!

Б: Добрый день, проходите, садитесь. Слушаю вас.

А: Моя виза кончается, мне надо продлить её, что для этого нужно?

Б: До какого числа действительна ваша виза?

А: До 15 апреля.

Б: Вам необходимо принести в визовый отдел паспорт и фотографии.

А: Сколько фотографий?

Б: Четыре.

А: А как работает визовый отдел?

Б: Ежедневно с 9 до 6, обеденный перерыв с 1 до 2.

А: Скажите, а сколько надо заплатить за оформление визы?

Б: 50 долларов.

А: Понятно. Спасибо за информацию. До свидания.

2 Track 10-2

А: Можно войти?

Б: Да, пожалуйста, входите, проходите, садитесь. Слушаю вас.

А: Я потерял студенческий билет, что мне делать?

Б: А где вы его потеряли?

А: Не знаю, может быть, в университете, может быть, в метро.

Б: А вы хорошо искали? Может быть, положили куда-нибудь и забыли?

А: Нет-нет, я уже везде посмотрел, нигде нет его.

Б: Ну, что ж, тогда мы оформим новый студенческий билет.

А: А что для этого нужно?

Б: (Вам) надо написать заявление, принести паспорт и 2 фотографии.

А: Когда можно прийти к вам?

Б: Приходите завтра с 3 до 5.

А: А когда я смогу получить новый билет?

Б: Через 2~3 дня.

А: Большое спасибо. До свидания.

Б: До завтра. Больше ничего не теряйте!

1

А: 안녕하세요!

Б: 안녕하세요, 들어와서 앉으세요. 무슨 일이시지요?

А: 제 비자가 끝나게 되어서, 비자를 연장해야 합니다. 그러려면 무엇이 필요한가요?

Б: 비자 유효기간이 며칠까지인가요?

А: 4월 15일까지입니다.

Б: 비자 사무실로 여권과 사진을 가져오셔야 합니다.

А: 사진 몇 장이 필요할까요?

Б: 4장입니다.

А: 비자 사무실의 업무 시간이 어떻게 되나요? (직역: 비자 사무실은 어떻게 일하나요?)

Б: 매일 9시부터 6시까지 일하고, 점심 휴식 시간은 1시부터 2시 사이입니다.

А: 비자 발급 비용은 얼마입니까?

Б: 50달러입니다.

А: 알겠습니다. 알려 주셔서 감사합니다. 안녕히 계세요.

2

А: 들어가도 될까요?

Б: 네, 들어오세요. 이리로 와서 앉으세요. 무슨 일이시지요?

А: 제가 학생증을 잃어버렸는데, 어떻게 해야 할까요?

Б: 어디서 학생증을 잃어버리셨나요?

А: 모르겠어요, 학교에서 잃어버린 것 같기도 하고, 지하철에서 잃어버린 것 같기도 합니다.

Б: 잘 찾아보셨나요? 혹시 어디 두고 잊으신 건 아닌가요?

А: 아니요, 벌써 사방을 다 찾아보았는데 아무 데도 없습니다.

Б: 음, 그렇군요, 그럼 새 학생증을 만들어 드리겠습니다.

А: 학생증을 만들려면 무엇이 필요한가요?

Б: 신청서를 쓰시고 여권과 사진 두 장을 가지고 오셔야 합니다.

А: 언제 오면 될까요? (직역: 언제 당신께 오면 되나요?)

Б: 내일 세 시에서 다섯 시 사이에 오세요.

А: 그럼 언제 새 학생증을 받을 수 있을까요?

Б: 2~3일 후에 받으실 수 있습니다.

А: 정말 고맙습니다. 안녕히 계세요.

Б: 내일 봅시다. 더 이상 아무것도 잃어버리지 마세요.

어휘와 표현

- **виза** 비자
  продлить (визу) 비자를 연장하다
  Виза действительна до… 비자가 ~까지 유효하다
  Контракт действителен до… 계약이 ~까지 유효하다

- ежедневно 매일
- везде 사방에
- Ну, что ж = ничего не поделаешь 어쩌겠어

다음을 읽고 [회화]의 내용에 상응하는 내용으로 텍스트를 완성해 보세요.

Студент пришёл в международный департамент, потому что ему нужно продлить визу. Его виза действительна до 15 апреля. Чтобы продлить визу,

C… ДО, C… ПО, ДО… 형식을 사용하여 질문에 답해 보세요.

1 - Когда в этой фирме обед (обеденный перерыв)?

- ______________________________

2 - Как долго брат искал паспорт?

- ______________________________

3 - До какого числа вам продлили визу?

- ______________________________

4 - Как долго вам оформляли паспорт?

- ______________________________

5 - До какого числа действителен ваш паспорт?

- ______________________________

6 - Как долго вы ходили на курсы русского языка?

- ______________________________

7 - Как долго твой друг был (служил) в армии?

- ______________________________

연습문제 4

다음을 읽고 대화문을 완성해 보세요.

1 - Я не могу найти свой смартфон. Мне кажется, что я его потеряла.

- ______________________________

- ______________________________

2 - Ты не знаешь, где находится визовый отдел и как он работает?

- ______________________________

- ______________________________

다음 문장을 완성해 보세요.

1. Сейчас зима, я хочу ______________________.
2. Сейчас зима, я хочу, чтобы ______________________.
3. Профессор сказал, что ______________________.
4. Отец сказал, чтобы ______________________.
5. Павлу надо написать заявление, потому что ______________________.
6. Павлу надо написать заявление, поэтому ______________________.
7. Директор не подписал контракт, потому что ______________________.
8. Я живу в общежитии, поэтому ______________________.
9. Все студенты подрабатывают, потому что ______________________.
10. Чтобы переписываться с иностранцами, нужно ______________________.
11. Чтобы красиво танцевать, ______________________.
12. Чтобы ______________________, надо учиться в музыкальной школе.

러시아 문화 알아보기

분실물 센터

여러분이 러시아에서 무언가를 잃어버렸거나, 반대로 남이 잃어버린 물건을 발견했다면 어떻게 해야 할까요? 어디를 찾아가야 할까요?

아마 많은 분들은 첫 번째로 경찰서를 떠올릴 것입니다. 하지만 경찰서는 사기나 도난으로 발생한 분실물과 관련된 업무만을 수행합니다. 따라서 유사한 경우가 발생하면 러시아의 모든 지역에서 운영하는 분실물 센터(«Стол находок» 혹은 «Бюро находок»)를 이용하면 됩니다. 분실물 센터의 위치와 웹사이트는 인터넷 검색기에 «Стол находок» 혹은 «Бюро находок»을 치고 도시명을 적어서 찾을 수 있습니다. 예를 들어 구글 검색기나 얀덱스 검색기에 'Бюро находок, Москва'를 치면 바로 모스크바 분실물 센터 사이트로 접속이 되고, 거기에는 어딘가에서 발견되어 비치된 분실물과 분실한 사람이 물건을 찾기 위해 올린 분실물의 목록이 빼곡히 공시되어 있습니다.

하지만 여권과 같은 서류를 분실했다면 이와는 다른 방법으로 대처해야 합니다. 외국인이 러시아에서 여권을 분실하거나 도난당하면 어떻게 해야 할까요? 먼저 여권을 분실했다는 사실을 경찰에 알려야 합니다. 그러면 경찰에서는 외국인에게 여권 분실 사실을 확인해 주는 서류를 내줍니다. 그러면 그 서류를 가지고 본국 영사관이나 대사관의 영사과를 찾아가야 합니다. 그 후의 절차는 본인의 모국의 법이 정하는 절차를 따라야 합니다.

하지만 종종 발견된 서류를 분실물 센터로 보내오기도 합니다. 따라서 분실물 센터를 방문하는 것 역시 시도할 수 있는 한 가지 방안이 될 것입니다. 여권을 역이나 공항에서 잃어버렸다면 역이나 공항에 있는 특별 분실물 센터를 찾아가야 합니다.

제 11 과

Я ХОТЕЛ БЫ СНЯТЬ КВАРТИРУ.

아파트를 임대하고 싶습니다.

핵심 표현

- Может быть, тебе лучше снять квартиру?

  어쩌면 너는 아파트를 렌트하는 것이 낫지 않을까?

이어지는 과들에서는 공적 대화라고 할 수는 없지만, 구체적인 정보를 바탕으로 일상에서 나누는 대화를 익혀 봅시다.

11과에서는 주거 임대와 관련된 표현을 학습합니다. 여러분이 러시아에서 유학하며 기숙사에 산다고 가정해 봅시다. 그런데 기숙사 생활이 불편하여 아파트를 임대하여 생활하고자 하는 상황에서 집을 알아보고 구하는 과정에서 나누게 되는 두 개의 회화를 보고 연습해 봅시다.

어휘-문법 1

СНИМАТЬ – СНЯТЬ / СНИМАТЬСЯ – СНЯТЬСЯ

여러분은 이 교재의 제1권에서 이 동사의 쓰임에 대해 배웠습니다. 회화에 적극적으로 사용하기 위해 다시 한번 снимать – снять (что?) 동사의 다양한 의미를 살펴봅시다.

1 벗다 (~ одежду, ~ обувь)

- Папа вошёл в квартиру, снял пальто и ботинки.
  아빠가 아파트에 들어오셔서 코트와 신발을 벗으셨다.

2 임대하다 (~ квартиру, ~ комнату, ~ номер в гостинице)

- Это новое общежитие очень дорогое, поэтому мы с другом решили снять квартиру.
  이 새 기숙사가 아주 비싸서 나와 친구는 아파트를 임대하기로 했다.
- Я приехал в Москву и снял номер в гостинице «Славянский дом».
  우리는 모스크바에 와서 호텔 '슬라브 집'에서 방을 빌렸다.

3 떼어내다, 내리다 (~ картину со стены, ~ пальто с вешалки)

- Он снял картину со стены. 그는 벽에서 그림을 떼어냈다.

4 촬영하다, 찍다 (~ фильм)

- Режиссёр Пак Чон У снял фильм «Пандора». 박정우 감독이 영화 '판도라'를 찍었다.

한편 сниматься라는 재귀형 동사도 사용되는데, 이때의 의미는 다음과 같습니다.

сниматься – сняться (в фильме) ~ (영화에) 등장하다, 출연하다

- Кто снимается (играет) в этом фильме? 이 영화에는 누가 나오는데?
- Этот известный артист снялся (сыграл) в двадцати фильмах.
  이 유명한 배우는 20편의 영화에 출연했다.

주어진 질문에 답하여 대화문을 완성해 보세요.

1. - Я слышал(а), что ты снял(а) квартиру, а почему ты не хочешь жить в общежитии?

   - ______________________________

   ____

2. - Я поступил(а) в университет. Как ты думаешь, где лучше жить: в общежитии или снимать квартиру?

   - ______________________________

   ____

3. - Ты слышал(а), что в следующем семестре плата за общежитие будет на 100 долларов выше (больше)?

   - ______________________________

   ____

КАК ДАТЬ СОВЕТ / РЕКОМЕНДАЦИЮ?

이 책의 제1권에서 여러분은 충고를 하거나 추천을 할 때 사용할 수 있는 다양한 구문을 익혔습니다. 이 과에서는 이 구문을 다시 한 번 정리하고 좀 더 심화시켜 다양한 상황에서 사용해 봅시다.

1 **명령문:** 명령문의 형태로 충고의 말을 전할 수 있습니다.

- Купи машину! 차를 사!
- Не покупай машину! 차를 사지 마!

2 **советовать(충고하다) + 동사원형:** '~하기를 충고해', '~하기를 권해'의 형식으로 충고의 말을 전할 수 있습니다.

- Я советую тебе прочитать эту книгу. 이 책 읽기를 권해.
- Я советую тебе каждый день читать газеты. 매일 신문 읽기를 권한다.
- Я советую тебе читать весь день. 하루 종일 책 읽기를 권한다.
- Я не советую тебе читать эту книгу, она неинтересная.
  이 책 읽기를 권하지 않아. 재미없어.

3 **лучше + 동사원형/명령형:** 어떤 것을 선택해야 할 경우 '~하는 것이 좋겠다'는 형식으로 충고할 때 사용합니다.

- \- Мама: Что сегодня приготовить на ужин: рис с овощами или с мясом?
  오늘 저녁으로 뭘 할까? 밥과 야채, 아니면 밥과 고기?
  \- Дочь: Лучше приготовить / приготовь рис с овощами, потому что в последнее время я немного поправилась, мне надо похудеть.
  밥과 야채가 좋겠어요. 최근에 제가 살이 좀 쪘거든요. 살을 좀 빼야 해요.

4 **рекомендовать(추천하다) + 동사원형:** 다소 공식적인 느낌으로 '~을 추천합니다'라는 뉘앙스로 사용할 수 있습니다.

- Врач не рекомендует делать операцию бабушке, так как у неё слабое сердце. 의사는 할머니 심장이 약하기 때문에 수술을 권하지 않는다.

주어진 상황에 대해 읽고 다양한 구문을 사용하여 충고나 추천을 해 보세요.

1. Друг не знает, как быстрее доехать до Сеульского вокзала.

2. Подруга не знает, что делать после окончания университета: работать или учиться в магистратуре.

3. Вы директор фирмы. Сотрудник вашей фирмы часто опаздывает на работу.

4. Идёт снег. Ваш старший брат не знает, на чём ехать на работу: на своей машине или на метро.

5. Вы профессор, преподаёте английский язык. К вам пришёл студент, он хочет лучше говорить по-английски, лучше слышать и понимать английскую речь.

어휘-문법 3

ВЗЯТЬ (С СОБОЙ)

взять с собой 역시 일상에서 가벼운 권고를 이야기할 때 많이 사용되는 표현입니다. 예를 들어 비가 올지 모르니 우산을 가져가라든가, 황사가 올지 모르니 마스크를 가져가라든가 하는 충고를 할 때 보편적으로 사용되는 표현입니다.

- Возьми (с собой) зонт, по радио сказали, что после обеда будет дождь.
  우산 가져가. 라디오에서 오후에 비가 올 거라고 했어.

꼭 물건을 가지고 가라는 경우에만 사용되는 것이 아니라 사람을 데리고 가라는 표현에도 사용됩니다.

- Ты собираешься пойти на выставку цветов? Возьми с собой младшую сестру, я думаю, что ей будет интересно.
  꽃 전시회에 가려고 하니? 여동생도 데리고 가라. 그 아이가 재미있어 할 것 같은데.

연습문제 3

보기와 같이 문장을 만들어 이야기해 보세요.

보기

поехать в Россию – тёплая одежда

Я слышал(а), что ты в январе собираешься поехать в Москву.
Обязательно возьми (с собой) тёплую одежду, потому что зимой в России очень холодно.

1. поехать в Россию – корейские сувениры

2. поехать в Пусан на кинофестиваль – русские друзья

3. пойти в национальный парк – вода и бутерброды

4 пойти на стадион – младший брат

5 поехать на море – крем от загара

연습문제 4

주어진 상황에서 상대에게 해 줄 수 있는 조언을 해 보고, 꼭 가지고 가야 할 것에 대해서도 이야기해 보세요.

1 Ваша сестра никогда не была на Сораксане, в субботу она собирается поехать. А вы были на Сораксане 3 раза.

2 Ваш друг собирается пойти в новый аквапарк (аква – aqua = вода). А вы были там на прошлой неделе.

3 Ваш друг собирается поехать в Москву в МГУ изучать русский язык. Он никогда не был в Москве, а вы уже ездили в Москву и учились в МГУ.

회화 1

Джон: Привет, Вадим!

Вадим: Привет, Джон, как дела?

Джон: Неплохо, но у меня есть проблема.

Вадим: Какая?

Джон: Я живу в общежитии, но там всегда очень шумно: и днём, и ночью.

Вадим: Может быть, тогда тебе лучше снять квартиру?

Джон: Да, я тоже об этом думаю. Но как это сделать?

Вадим: Тебе надо пойти в агентство недвижимости, там тебе помогут выбрать квартиру.

Джон: А в какое агентство? И где оно находится?

Вадим: Я советую тебе пойти в агентство «Мой дом», оно здесь недалеко, около кафе «Союз».

Джон: Большое спасибо. Я так и сделаю.

존: 안녕, 바딤!

바딤: 안녕, 존, 어떻게 지내?

존: 괜찮아, 그런데 문제가 있어.

바딤: 어떤 문제?

존: 내가 기숙사에 사는데 거기가 항상 시끄러워. 낮에도 밤에도.

바딤: 어쩌면 너는 아파트를 렌트하는 게 좋지 않을까?

존: 응, 나도 그것에 대해 생각하고 있어. 하지만 그걸 어떻게 해야 하지?

바딤: 부동산 중개소에 가야 해. 거기서 네가 아파트를 고를 수 있도록 도와줄 거야.

존: 어떤 중개소? 그리고 중개소가 어디에 있는데?

바딤: 중개소 '내 집'에 가길 추천해. 여기서 멀지 않고, 카페 '소유즈' 근처에 있어.

존: 정말 고마워. 그렇게 할게.

회화 2

Джон: Здравствуйте!

Риэлтор: Добрый день! Проходите, садитесь. Слушаю вас.

Джон: Я хотел бы снять однокомнатную квартиру.

Риэлтор: В каком районе?

Джон: Я учусь в МГУ, поэтому желательно недалеко от университета.

Риэлтор: На какой срок?

Джон: На год, может быть, больше.

Риэлтор: Вы хотите снять квартиру с мебелью или без?

Джон: Лучше с мебелью.

Риэлтор: У нас есть для вас неплохой вариант. Квартира находится недалеко от университета – пешком минут 10 – и недалеко от метро.

Джон: Очень хорошо. А сколько надо платить за эту квартиру?

Риэлтор: 300 долларов в месяц.

Джон: Когда я могу её посмотреть?

Риэлтор: В любое время.

Джон: Тогда завтра после обеда, если можно.

Риэлтор: Хорошо. В 3 часа вам удобно?

Джон: Да, удобно.

Риэлтор: Тогда давайте встретимся завтра в 3 часа.

Джон: Хорошо. До свидания.

Риэлтор: До завтра.

존: 안녕하세요!

부동산 중개인: 안녕하세요! 들어와 앉으세요. 무슨 일이시지요?

존: 방 하나짜리 아파트를 임대하고 싶습니다.

부동산 중개인: 어느 지역에요?

존: 저는 모스크바국립대학 학생입니다. 그래서 대학에서 멀지 않은 곳이면 좋겠습니다.

부동산 중개인: 임대 기간은요?

존: 일 년입니다. 어쩌면 더 될 수도 있고요.

부동산 중개인: 가구가 포함된 아파트를 임대하고 싶으신가요, 아니면 가구가 없는 아파트를 임대하고 싶으신가요?

존: 가구가 포함된 아파트가 더 좋겠지요.

부동산 중개인: 손님을 위해 괜찮은 안이 있습니다. 아파트는 대학에서 걸어서 10분, 멀지 않은 곳에 있고요, 지하철역에서도 멀지 않습니다.

존: 아주 좋습니다. 아파트 임대료가 얼마이지요?

부동산 중개인: 한 달에 300달러입니다.

존: 언제 아파트를 볼 수 있을까요?

부동산 중개인: 언제라도 보실 수 있습니다.

존: 그럼 가능하다면 내일 점심 시간 후에 볼 수 있을까요?
부동산 중개인: 좋습니다. 3시에 괜찮으신가요?
존: 네, 괜찮습니다.
부동산 중개인: 그럼 내일 세 시에 만납시다.
존: 좋습니다. 안녕히 계세요.
부동산 중개인: 내일 뵙겠습니다.

어휘와 표현

- **желательно** 바라건대
- **срок** 기간
- **вариант** 안, 가능성

부동산 중개인과 대화한 후 존은 바딤에게 전화를 걸었습니다. 대화의 시작을 읽고 대화문을 완성해 보세요.

Вадим: Алло!
Джон: Привет, Вадим, это Джон. Сегодня я ходил в агентство «Мой дом».
Вадим: Ну и как? Ты снял квартиру?
Джон: Нет, завтра в 3 часа ______________________________

주어진 문장에 이어 세 문장을 더해 짧은 텍스트를 완성해 보세요.

1. На прошлой неделе Марина сняла квартиру.

2. Джон где-то потерял студенческий билет.

3. Эрику надо продлить визу.

러시아 문화 알아보기

러시아에서 아파트 임대하기

러시아에서 아파트를 임대하려면 무엇보다 러시아의 임대 시스템을 알아야 합니다. 한국에 전세와 월세라는 두 가지 지불 시스템이 있는 것과 달리 러시아에서는 월세 형태로만 집을 임대할 수 있습니다. 또 러시아의 아파트는 주로 가구나 가전제품이 구비된 형태로 임대하게 됩니다. 적어도 소파, 벽장, 책상, 냉장고, 세탁기, 가스레인지 등은 기본적으로 구비되어 있습니다. 가구나 가전제품이 전혀 없는 아파트는 훨씬 저렴한 가격에 임대할 수 있습니다.

또 아파트를 임대하기 위해서는 가급적 부동산을 통해야 합니다. 부동산 중개인은 적절한 아파트를 찾을 수 있도록 도움을 주고 아파트 주인과 계약 문제도 해결해 줍니다. 이에 대한 비용은 때로 아파트 한 달 치 월세에 버금갑니다.

계약을 할 때는 모든 사항을 꼼꼼하게 살펴야 합니다. 월세에 전기세나 관리비 등이 모두 포함되는 경우도 있지만, 계약 내용에 따라서는 월세 외에 기타 관리비는 모두 계약자가 부담해야 하는 경우도 있습니다. 외국인이 부동산에 갈 때는 계약의 모든 조건을 정확하게 이해할 수 있는 러시아 친구와 함께 가는 것이 안전합니다.

제12과

У ВАС ЕСТЬ СВОБОДНЫЕ НОМЕРА?

비어 있는 방이 있습니까?

핵심 표현

- Какой номер вам нужен? На какой срок?
  어떤 방이 필요하신가요? 얼마나 계실 건가요?
- (Мне нужен) одноместный номер на 3 дня.
  1인실이 3일 간 필요합니다.

이제 일상적인 주제를 가지고 나누는 또 다른 대화를 한번 살펴봅시다. 여러분이 러시아에서 여행을 다니며 호텔을 예약한다고 해 봅시다. 방을 예약하거나 혹시 예약한 방에서 지내며 불편을 느끼게 될 경우 호텔 직원과 이런저런 이야기를 나누어야겠지요? 이 과에서는 그런 다양한 상황에서 나누게 되는 대화문을 익혀 봅시다.

КАК ДОЛГО…?

- 앞 과에서 «На какой срок вы хотите снять квартиру?»라는 표현을 배웠습니다. '얼마를 예정으로'라고 해석될 수 있는 «На сколько…? / На какое время…? / На какой срок…?»이라는 표현을 좀 더 자세하게 익히고 이 표현과 «Как долго…?»라는 표현의 차이도 함께 공부해 봅시다.

- 먼저 «Как долго…?»라는 표현을 익혀 봅시다. 이 질문의 핵심은 얼마의 기간 동안 어떤 일이 행해지고 있는지, 혹은 행해졌거나 행해질 예정인지를 묻는 것입니다. 이러한 질문에 답할 때는 전치사 없이 시간 명사의 대격을 사용하여 대답하면 됩니다.

- Как долго ты изучаешь русский язык? 얼마나 오랫동안 러시아어를 공부하고 있니?
- Я изучаю русский язык год. 나는 1년 간 러시아어를 공부하고 있어.

- Как долго ты обычно едешь в университет на автобусе?
너는 보통 버스를 타고 얼마 동안 대학까지 가니?
- Я еду 30 минут. 나는 30분 동안 버스를 타.

- Как долго мама вчера готовила обед? 엄마는 어제 점심을 얼마 동안 준비하셨어?
- Вчера мама готовила обед 2 часа. 어제 엄마는 2시간 동안 점심을 준비하셨어.

- Как долго ваша семья будет отдыхать на море?
당신의 가족은 얼마 동안 바닷가에서 휴가를 보내실 건가요?
- Мы будем отдыхать неделю. 우리는 일주일 간 휴가를 보낼 것입니다.

이렇듯 «Как долго…?»라는 표현은 매우 널리 쓰이고 대다수 러시아어 동사와 결합할 수 있습니다.

어휘-문법 2

«НА СКОЛЬКО…?», «НА КАКОЕ ВРЕМЯ…?», «НА КАКОЙ СРОК…?» 1

- «Как долго…?» 구문과 달리 «На сколько…? / На какое время…? / На какой срок…?» 구문은 활용이 한정적인 구문입니다. 먼저 첫 번째 활용을 살펴봅시다.

- 주체가 어떤 대상을 얼마 동안 사용하거나 사용했거나 사용할지를 이야기할 때 사용합니다. 이러한 질문에 답할 때는 〈на + 대격〉, 혹은 надолго(오랫동안), ненадолго(잠시 동안)를 사용합니다.
  - Мой телефон сломался, я попросил у друга телефон на минуту.
    (= Я пользовался телефоном минуту.)
    내 전화기가 고장 나서 친구에게 전화를 1분 간 (잠시) 빌렸다.
  - Завтра я возьму в библиотеке словарь на неделю.
    (= Я буду пользоваться словарём неделю.)
    내일 나는 도서관에서 사전을 1주일 동안 빌릴 거야.
  - Вчера друг снял квартиру на 2 года.
    (= Друг будет 2 года пользоваться квартирой / жить в квартире.)
    어제 내 친구는 2년 간 아파트를 빌렸다.

- 이런 의미로 자주 사용되는 동사의 구문을 아래에 정리하였으니 꼼꼼하게 암기하여 꼭 회화에 사용해 보세요.

1 брать – взять (что?) (у кого?) ~에게 ~을 빌리다
- Друг взял у меня словарь на два дня. 친구가 내게서 사전을 이틀 간 빌려 갔다.

2 давать – дать (что?) (кому?) ~에게 ~을 빌려주다
- Я дал словарь другу на два дня. 나는 친구에게 이틀 간 사전을 빌려주었다.

3 просить – попросить (что?) (у кого?) ~에게 ~을 청하다
- Я просила у Оли ручку на минуту. 나는 올랴에게 일 분 간(잠시) 펜을 청했다.

4 снимать – снять (о квартире, о номере в гостинице) ~ 빌리다
- Мы сняли квартиру на год/надолго. 우리는 아파트를 1년 간/장기간 빌렸다.

5 останавливаться – остановиться в гостинице (= снять гостиницу / номер в гостинице) ~에 머물다

- Мы остановились в гостинице на 2 дня/ненадолго.
  우리는 이틀 동안/잠시 동안 호텔에 머물렀다.

6 (кому?) нужен, нужна, нужно, нужны (что?) ~에게 ~이 필요하다

- Мне нужна ручка на минуту. 나는 1분 동안(잠시 동안) 펜이 필요해.

주의하세요!

МЫ ЖИЛИ В ГОСТИНИЦЕ НЕДЕЛЮ

아래의 세 문장은 의미상의 차이가 있을까요? 한번 읽어 보세요.

- Мы жили в гостинице неделю.
- Мы сняли номер в гостинице на неделю.
- Мы остановились в гостинице на неделю.

사실상 이 세 문장의 의미는 거의 같습니다. 다만 문법 구문의 차이가 있을 뿐입니다. 동사 **жить**는 **«Как долго…?»** 구문을 취하고, **снять**와 **остановиться**는 **«на сколько…?»** 구문을 취하는 차이가 있습니다.

«НА СКОЛЬКО…?», «НА КАКОЕ ВРЕМЯ…?», «НА КАКОЙ СРОК…?» 2

- «На сколько…? / На какое время…? / На какой срок…?» 구문의 두 번째 활용을 살펴봅시다.

- 두 번째 활용은 운동 동사와 결합하여, 어떤 기간을 예정으로 이동하거나 이동했거나 이동할 경우에 사용합니다.

  - В прошлом году мы на месяц ездили в Пусан к бабушке. (= Мы находились в Пусане месяц).
    작년에 우리는 한 달 예정으로 부산에 계신 할머니 댁에 다녀왔다.
  - Маша зашла в магазин на 5 минут, она купила фрукты. (=Маша находилась в магазине 5 минут).
    마샤는 5분 간 가게에 들러 과일을 샀다.
  - Здравствуй, Наташа! Очень рада тебя видеть! Ты надолго приехала в Москву? (= Ты долго будешь находиться в Москве?)
    안녕, 나타샤! 만나서 정말 반갑다! 너는 장기로(오래 있을 예정으로) 모스크바에 온 거니?

- 이런 의미로 자주 사용되는 운동 동사의 구문을 아래에 정리하였으니 익혀서 꼭 회화에 사용해 보세요.

1. идти – пойти / ходить (ехать – поехать / ездить и др.) на сколько / какое время? ~을 예정으로 가다

2. приходить – прийти (приезжать – приехать и др.) на сколько / какое время? ~을 예정으로 오다

3. уходить – уйти (уезжать – уехать и др.) на сколько / какое время? ~을 예정으로 떠나다

4. заходить – зайти (заезжать – заехать и др.) на сколько / какое время? ~을 예정으로 들르다

5 выходить – выйти и др. на сколько / какое время?
~을 예정으로 나가다

주의하세요!

КАК ДОЛГО ТЫ ОБЫЧНО ЕДЕШЬ В УНИВЕРСИТЕТ НА АВТОБУСЕ?

앞서 보았던 동사가 «Как долго…?» 구문을 취하는 경우와 «На сколько…?» 구문을 취하는 경우로 나뉘어 있던 것과 달리 **идти**와 **ехать** 동사의 경우는 두 구문 모두 사용할 수 있습니다. 그러나 어떤 구문을 사용했느냐에 따라 그 의미는 조금 달라지게 됩니다.

- Как долго ты обычно едешь в университет на автобусе?
  너는 보통 대학까지 버스를 타고 얼마나 가니?
- Обычно я еду в университет 30 минут. (= Я нахожусь в автобусе 30 минут.) 보통 나는 대학까지 30분 동안 갑니다.

- Ты едешь в Москву? На какое время? (= Как долго ты будешь находиться в Москве?)
  너 모스크바로 가니? 얼마 동안? (얼마를 예정으로?)
- Я еду в Москву на 2 недели. (= Я буду находиться в Москве 2 недели.)
  나는 모스크바로 두 달 예정으로 가.

연습문제 1 문장에 사용된 동사를 보고 괄호 안의 단어를 알맞은 형태로 빈칸에 넣으세요. 그리고 각 문장을 해석해 보세요.

1. В прошлом году мы ездили в Петербург ____________ (неделя).
   [해석] ____________
2. Мы отдыхали в Петербурге ____________ (неделя).
   [해석] ____________
3. Миша готовился к экзамену ____________ (4, день), он взял у Антона книгу по физике ____________ (2, день).
   [해석] ____________

4 - Как долго ты жил в гостинице?

- ________________ (2, неделя).

[해석] ________________

5 А мы сняли гостиницу ________________ (5, день).

[해석] ________________

6 - Ты был в сауне ________________ (4, час)?

- Нет, я ходил в сауну ________________ (2,час).

[해석] ________________

7 Завтра в наш город приедут артисты русского балета ________________ (месяц), а в прошлом году они были здесь ________________ (2, месяц).

[해석] ________________

8 Вчера на дороге была большая пробка, отец ехал на работу ________________ (час).

[해석] ________________

연습문제 2

빈칸에 «Как долго…?» 혹은 «На сколько…? / На какое время…? / На какой срок…?» 중 적절한 것을 골라 써 보세요.

1 ________________ профессор уехал в Россию?

2 ________________ ты был в России?

3 В Москве ты жил в гостинице? ________________?

4 Ты остановился в гостинице? ________________?

5 Ты занимался в библиотеке? ________________?

6 ________________ ты взяла словарь в библиотеке?

7 Эти книги на русском языке тебе дал Сергей? ________________?

8 Ты говорил по-русски с Сергеем? ________________?

회화 1

Гость: Здравствуйте! У вас есть свободные номера?

Администратор: Да. Какой номер вам нужен: одноместный, двухместный?

Гость: Одноместный, пожалуйста.

Администратор: Номер на пятом этаже вас устроит?

Гость: Да, конечно. Сколько надо платить за этот номер?

Администратор: 800 рублей.

Гость: Меня устраивает.

Администратор: На какой срок вам нужен номер?

Гость: На 3 дня.

Администратор: Тогда, пожалуйста, 2400 рублей.

Гость: Вот, пожалуйста.

Администратор: Ваш номер 509. Когда вы подниметесь на пятый этаж и выйдете из лифта, идите направо.

Гость: Хорошо. А где здесь лифт?

Администратор: (Идите) Прямо и направо.

Гость: И ещё один вопрос. Где можно обменять доллары на рубли?

Администратор: В нашей гостинице есть обменный пункт. Он находится справа от главного входа и работает круглосуточно.

손님: 안녕하세요! 빈 방이 있나요?

직원: 네. 어떤 방이 필요하신가요? 1인실, 아니면 2인실이 필요하신가요?

손님: 1인실이 필요합니다.

직원: 5층에 있는 방이 괜찮으실까요?

손님: 네, 물론입니다. 숙박비는 얼마지요?

직원: 800루블입니다.

손님: 저는 좋습니다.

직원: 우리 호텔에 얼마나 투숙하실 계획이지요?

손님: 3일입니다.

직원: 그럼, 총 2400루블입니다.

손님: 여기 있습니다.

직원: 손님 방은 509호입니다. 5층으로 올라 가셔서 엘리베이터에서 내려 오른쪽으로 가시면 됩니다.

손님: 좋습니다. 그런데 여기 엘리베이터가 어디에 있지요?

직원: 곧장 가다가 오른쪽으로 가시면 됩니다.

손님: 질문이 하나 더 있는데요. 어디서 달러를 루블로 환전할 수 있을까요?

직원: 저희 호텔에는 환전소가 있습니다. 환전소는 정문 우측에 있고 24시간 열려 있습니다.

어휘와 표현

- **номер** 호텔 방
  одноместный / двухместный номер 1인실 / 2인실
- **обменивать – обменять** (**доллары на рубли**) 환전하다
  обменный пункт 환전소
- **круглосуточно** 24시간, 하루 종일

알아볼까요?

러시아에는 아직도 소비에트 시절에 만들어진 거주 등록 제도가 있습니다. 그래서 러시아에 도착한 외국인은 도착한 지 7일 이내에 반드시 어떤 기관에라도 거주 등록을 해야 합니다. 지인의 집에 머물게 되어 거주 등록을 하지 못하면 문제가 생길 수 있으니 조심해야 합니다.

호텔에서는 호텔 직원들이 거주 등록 문제를 해결해 주는데요, 거주 등록을 위해서 외국인은 여권, 입국 카드와 비자를 제출해야 합니다. 이 서류를 검토하고 나면 호텔 직원이 '외국인의 체류에 대한 통지'라는 서류를 작성합니다. 정해진 기간 내에 거주 등록을 하지 못하면 경찰이 불심검문을 할 때 경찰서에 가서 조사를 받게 되는 등 어려움이 생길 수 있으니 꼭 거주 등록 여부를 확인하세요!

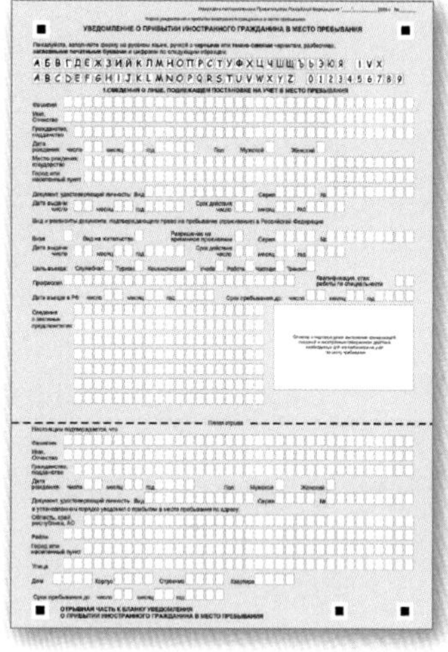

УВЕДОМЛЕНИЕ О ПРИБЫТИИ ИНОСТРАННОГО ГРАЖДАНИНА В МЕСТО ПРЕБЫВАНИЯ

А Б В Г Д Е Ж З И Й К Л М Н О П Р С Т У Ф Х Ц Ч Ш Щ Ъ Ь Э Ю Я I V X

A B C D E F G H I J K L M N O P Q R S T U V W X Y Z 0 1 2 3 4 5 6 7 8 9

1.СВЕДЕНИЯ О ЛИЦЕ, ПОДЛЕЖАЩЕМ ПОСТАНОВКЕ НА УЧЕТ В МЕСТО ПРЕБЫВАНИЯ

[회화 1]의 내용에 따라 텍스트를 완성해 보세요.

Георгий приехал в Петербург и решил остановиться в небольшой гостинице «Нева». Он сказал администратору, что ему нужен одноместный ___________

회화 2

Гость: Я хотел бы поменять номер.

Администратор: А что случилось?

Гость: Во-первых, в моей комнате почему-то не работает кондиционер.

Администратор: Правда? Сейчас я вызову мастера, он отремонтирует или поменяет его.
Какие ещё неудобства?

Гость: Дело в том, что окна моего номера выходят во двор, а я хотел бы номер с видом на море.

Администратор: Извините, но номера с видом на море стоят немного дороже.

Гость: Сколько (стоит такой номер)?

Администратор: 900 рублей.

Гость: Меня устраивает.

Администратор: Тогда я поменяю вам номер, вот, пожалуйста, ключ от номера 804, он находится на восьмом этаже, из окна открывается прекрасный вид на море.

Гость: Большое спасибо.

손님: 방을 좀 바꾸고 싶은데요.

직원: 무슨 일이시지요?

손님: 우선, 무슨 일인지 제 방에 에어컨이 작동을 안 합니다.

직원: 정말이요? 지금 수리기사를 부르겠습니다. 기사가 수리하거나 에어컨을 교체할 겁니다. 또 어떤 것이 불편하신가요?

손님: 사실 제 방 창이 정원 쪽을 향해 있는데요, 저는 바다가 보이는 방을 원합니다.

직원: 죄송합니다만, 바다가 보이는 방은 조금 더 비쌉니다.

손님: 얼마지요?

직원: 900루블입니다.

손님: 저는 좋습니다.

직원: 그럼 방을 바꾸어 드리겠습니다. 여기 804호 키가 있습니다. 방은 8층에 있고, 창을 통해 아주 멋진 바다 풍경이 보입니다.

손님: 감사합니다.

어휘와 표현

- **кондиционер** 에어컨
- **ремонт** 수리, 공사
  ремонтировать – отремонтировать (что?) 수리하다
  ~ телевизор, машину, компьютер TV, 자동차, 컴퓨터를 수리하다

- окна выходят (куда?) 창이 ~로 향해 있다
  - ~ во двор, на парк, на сквер, на площадь, на стадион, на море, на скоростную трассу 창이 마당, 공원, 작은 공원, 광장, 스타디움, 바다, 고속도로를 향해 나 있다
- вид 경치, 전망
  - комната / номер с видом на море, на лес, на парк, на сквер
    바다 / 숲 / 공원 / 작은 공원이 보이는 방
  - Из окна моей комнаты открывается вид на озеро / на лес / на гору / на площадь.
    내 방 창에서 호수 / 숲 / 산 / 광장이 보인다.

주어진 상황을 읽고 대화문을 만들어 보세요.

Студент 1: Вы сняли номер в гостинице, но он вас не устраивает: не работает обогреватель, поэтому в номере прохладно; окна выходят на скоростную трассу, поэтому шумно днём и ночью. Скажите администратору о проблемах, попросите поменять номер.

Студент 2: Вы администратор гостиницы, гость жалуется на неудобства. Помогите ему решить проблему.

어휘 обогреватель 난방기

연습문제 5

다음 문장을 완성해 보세요. 필요하면 [별표 1]을 참조하세요.

1. Брат играет __________.
2. Олег занимается __________.
3. Я не интересуюсь __________.
4. Максим извинился __________.
5. Мы поблагодарили __________.
6. Раньше я мечтал __________.
7. Мила попрощалась __________.
8. Сестра приготовила __________.
9. Сестра подготовилась __________.
10. Юрий встретил __________.
11. Юрий встретился __________.

연습문제 6

주어진 문장에 이어 세 문장을 더해 짧은 텍스트를 완성해 보세요.

1. Я сняла номер в гостинице «Москва».

____

____

____

2. Джон сказал администратору, что в его комнате не работает холодильник.

____

____

____

러시아 문화 알아보기

ГОСТИНИЦА와 ОТЕЛЬ

러시아어로 숙박업소를 지칭하는 **гостиница**와 **отель** 사이에 차이가 있을까요? 현재 이 두 단어는 의미상의 차이가 없다고 보는 것이 정확합니다. 하지만 이 단어들은 원래 서로 다른 의미로 사용되던 숙박업소의 명칭이었습니다.

гостиница는 고대 러시아어로 '손님'을 뜻하는 명사 **гость**에서 파생되었습니다. 그런데 당시 **гость**라는 단어에는 '손님'이라는 뜻 외에도 '외국인, 타지에서 온 상인'이라는 뜻도 있었습니다. 13세기 루시에서는 장사를 하기 위해 다른 지역, 혹은 다른 나라에서 상품을 가지고 온 사람들, 즉 **гость**를 위한 특별한 집을 짓기 시작했고, 그것이 **гостиница**의 기원이 되었다고 할 수 있습니다.

반면 **отель**(hotel)이라는 단어는 프랑스어에서 러시아어로 유입되었습니다. 19세기 말 유럽 각국에서는 러시아의 **гостиница**와 같은 허름한 숙박업소 대신 지체가 높고 부유한 고객들을 겨냥한 화려한 호텔들이 세워졌습니다. 당연히 숙박비는 매우 비쌌고, 투숙객에게는 개인 하인, 요리사, 심지어 마부까지 제공되었습니다.

현재 **гостиница**와 **отель**은 숙박업소 분류 체계상 동일한 위치를 점하고 있고, 전 세계 모든 지역에서 그러하듯이 1성부터 5성까지의 등급으로 나뉩니다.

제13과

КАКОЙ СЕГОДНЯ КУРС ДОЛЛАРА?

오늘 달러 환율이 어떻습니까?

핵심 표현

- Я хотел бы обменять доллары на рубли.
  달러를 루블로 환전하고 싶습니다.

여러분이 러시아에 도착하면 바로 해야 할 일 중에 하나가 '환전'입니다. 가지고 간 돈(달러나 유로화)을 러시아의 루블로 환전하여 생활하여야 하기 때문에 환전소와 환율에 관한 정보를 알고 이를 바탕으로 대화를 할 수 있어야 합니다. 이번 과에서는 환전과 관련된 용어들을 배우고 환전소에서 할 수 있는 대화문을 익혀 연습해 봅시다.

МЕНЯТЬ 동사군 1

환전을 할 때 꼭 필요한 менять 그룹의 동사를 살펴보도록 합시다. менять, обменять, отменять, заменять 등 다양한 동사가 속한 менять 그룹의 동사를 익힐 때는 크게 사람이 주어인 경우와 그렇지 않은 경우로 나누어 살펴보아야 합니다. 먼저 사람이 주어인 경우를 살펴봅시다.

사람이 주어인 경우

1 менять – поменять (что?) ~을 바꾸다

~ группу, комнату в общежитии, номер в гостинице, квартиру
그룹, 기숙사 방, 호텔 방, 아파트를 바꾸다

~ работу, место работы, место учёбы 직업, 직장, 학교를 바꾸다

~ деньги в банке 은행에서 돈을 바꾸다

~ свои планы, свою жизнь, имидж, причёску, стиль одежды
계획, 인생, 이미지, 헤어 스타일, 옷 입는 스타일을 바꾸다

~ фамилию, имя 성, 이름을 바꾸다

~ колесо в машине 자동차 바퀴를 바꾸다

- Меня не устраивает комната в общежитии, она очень тёмная, поэтому я хочу поменять её. 기숙사 방이 마음에 들지 않아요. 정말 어두워요. 그래서 방을 바꾸고 싶어요.
- В этой фирме я получаю невысокую зарплату, поэтому я хочу поменять работу (фирму). 이 회사에서 적은 월급을 받고 있어요. 그래서 저는 직장을(회사를) 바꾸고 싶어요.
- Он пошёл в банк и поменял доллары на рубли.
  그는 은행에 가서 달러를 루블로 바꾸었다.
- Эта певица поменяла имидж: она похудела, изменила причёску и стиль одежды. 이 가수는 이미지를 바꾸었다. 살을 빼고 헤어 스타일과 옷 입는 스타일을 바꾸었다.
- Соня поменяла фамилию, потому что вышла замуж.
  시집을 갔기 때문에 소냐는 성을 바꾸었다.
- Соня вышла замуж, но не поменяла фамилию.
  시집을 갔지만 소냐는 성을 바꾸지 않았다.

2 обменивать – обменять (что? на что?) ~을 ~으로 바꾸다

~ деньги 돈을 바꾸다

- Он пошёл в банк и обменял (поменял) доллары на рубли.
  그는 은행에 가서 달러를 루블로 바꾸었다.

3 изменять – изменить (что?) ~을 바꾸다

~ свои планы, свою жизнь, имидж, причёску, стиль одежды
계획, 삶, 이미지, 헤어 스타일, 옷 입는 스타일을 바꾸다

~ фамилию, имя 성, 이름을 바꾸다

- Эта певица изменила (поменяла) имидж. 이 여가수는 이미지를 바꾸었다.
- Она изменила (поменяла) фамилию. 그녀는 성을 바꾸었다.

4 отменять – отменить (отменю, отменишь, -ят) (что?) 취소하다

~ встречу, лекцию, поездку, отдых, отпуск 미팅, 강의, 여행, 휴식, 휴가를 취소하다

- Мы с Антоном договорились встретиться сегодня вечером, но днём он позвонил и отменил встречу.
  나와 안톤은 오늘 저녁에 만나기로 약속했었지만, 낮에 그가 전화를 걸어 만남을 취소했다.
- Профессор заболел, поэтому отменил лекцию по русской литературе.
  교수님이 병이 나셔서 러시아 문학 강의를 취소하셨다.
- Нам надо срочно закончить этот проект, поэтому директор отменил отпуск. 우리는 빨리 이 프로젝트를 끝내야 한다. 그래서 기관장이 휴가를 취소했다.

5 заменять – заменить + что? ~을 교체하다

~ колесо в машине 차바퀴를 교체하다

- Папа заменил (поменял) колесо в машине. 아빠는 차바퀴를 교체하셨다.

МЕНЯТЬ 동사군 2

- 이번에는 주어가 사람이 아닌 경우의 **менять** 동사군의 활용을 살펴봅시다.

- 주어가 사람이 아닌 경우

주어가 사람이 아닌 경우는 **-ся**형 동사로 활용하게 됩니다. 가장 널리 쓰이는 동사의 하나인 **меняться – поменяться, изменяться – измениться**(변하다, 바뀌다, 변경되다) 동사의 용례를 살펴봅시다.

- **Мои планы поменялись / изменились.** 내 계획이 바뀌었다.
- **Моя жизнь изменилась / поменялась.** 내 삶이 바뀌었다.
- **Имидж этой певицы изменился / поменялся.** 이 여가수의 이미지가 바뀌었다.
- **Погода изменилась.** 날씨가 바뀌었다.
- **Климат постепенно изменяется.** 기후가 점차로 변해 간다.
- **Характер младшего брата изменился.** 남동생의 성격이 바뀌었다.
- **У него изменился голос.** 그의 목소리가 바뀌었다.
- **У неё изменилось настроение.** 그녀의 기분이 바뀌었다.
- **Контракт изменился.** 계약이 변경되었다.
- **Условия контракта изменились.** 계약 조건이 변경되었다.
- **Мои отношения с родителями изменились.** 부모님과 나의 관계가 변하였다.
- **У меня изменился номер телефона(адрес), запиши.**
  내 전화번호(주소)가 바뀌었어. 적어.

연습문제 1 알맞은 МЕНЯТЬ 그룹의 동사를 선택하여 빈칸에 알맞은 형태로 넣으세요.

1. Эта группа слишком высокого уровня, мне трудно учиться в ней, я хотел бы ________________ группу.
2. Я договорился с Машей пойти на выставку, но у меня появилась срочная работа. Надо позвонить Маше и ________________ встречу.
3. Сначала я собирался поехать в Америку изучать английский язык, но потом мои планы ________________. Теперь я хочу поступить в магистратуру.
4. Отца не устраивает зарплата, поэтому он хочет ________________ работу.
5. Я иду в банк, мне надо ________________ доллары на воны.

6 - Как ты хорошо выглядишь! Ты ____________ причёску. Она тебе очень идёт!

- Да, я решила ____________ имидж.

7 Анна услышала неприятную новость и её настроение ____________, она стала грустной.

8 Тебе не идёт эта одежда, тебе надо ____________ стиль.

연습문제 2

주어진 상황을 파악하고 상황에 따른 대화문을 만들어 보세요.

1 Представьте, что вы случайно встретились с одноклассницей, которую не видели долгое время. Вы не сразу узнали её, потому что она изменила имидж.

____

____

____

____

____

2 Вы весь день звонили своему другу, но он не отвечал. Затем вы встретили его в университете. Оказалось, что он потерял свой смартфон, и теперь у него другой номер.

____

____

____

____

____

회화

앞서 배운 동사를 중심으로 환전소에서 나눌 수 있는 대화문을 익혀 보도록 합시다.

1 Track 13-1

А: Я хотел бы поменять (обменять) доллары. Какой сегодня курс (доллара)?

Б: 1 доллар – 30 рублей 70 копеек. Какую сумму вы хотели бы поменять?

А: 500 долларов.

Б: Так··· Это будет 15 тысяч 350 рублей. Ваш паспорт, пожалуйста.

А: Возьмите.

Б: Вот, пожалуйста, 15 тысяч 350 рублей. Посчитайте!

А: Да, всё правильно. Спасибо, до свидания!

Б: Всего доброго!

2 Track 13-2

А: Я хотел бы купить евро. Какой сегодня курс (евро)?

Б: Один евро – 42 рубля 10 копеек. Какая сумма вам нужна?

А: Тысяча евро.

Б: Тогда, пожалуйста, 42 тысячи сто рублей и паспорт.

А: Вот, пожалуйста, 42 тысячи сто рублей.

Б: Тысяча евро. Посчитайте, пожалуйста.

1

А: 달러화를 환전하고 싶은데요. 오늘 (달러) 환율이 어떻게 되나요?

Б: 1달러에 30루블 70코페이카입니다. 얼마를 바꾸고 싶으신가요?

А: 500달러를 환전하고 싶어요.

Б: 그러면··· 15350루블이겠군요. 여권 주세요.

А: 여기 있습니다.

Б: 여기 15350루블 있습니다. 세어 보세요!

А: 네, 맞습니다. 감사합니다. 안녕히 계세요!

Б: 안녕히 가세요!

2

А: 유로화를 사고 싶은데요. 오늘 (유로) 환율이 어떻게 되지요?

Б: 1유로에 42루블 10 코페이카입니다. 얼마나 필요하신가요?

А: 1000유로가 필요합니다.

Б: 그럼 42100루블과 여권 주십시오.

А: 여기 42100루블 있습니다.

Б: 천 유로입니다. 세어 보세요.

어휘와 표현

- курс (доллара / евро…) (달러 / 유로…) 환율
  вона 원
  юань 위안
  иена 엔
  евро 유로

  курс доллара к рублю / к евро / к воне / к юаню / к иене
  루블 / 유로 / 원 / 위안 / 엔화 대 달러 환율
  курс воны к доллару / к рублю / к юаню / к иене
  달러 / 루블 / 위안 / 엔화 대 원화 환율
- считать – посчитать (деньги) (돈을) 세다
- сумма 총계, 총합

주의하세요!

ЕВРО

다른 화폐 단위와 달리 유로화는 격변화하지 않습니다.

один евро / два, три, четыре евро / пять, шесть, десять евро

연습문제 3

여러분이 최근 일본(혹은 중국)에 다녀왔다고 가정해 봅시다. 은행에서 어떻게 원화를 엔화로(혹은 위안화로) 바꾸었는지 이야기해 보세요. 주어진 텍스트의 시작 부분을 읽고 여러분의 글로 마무리해 보세요.

На каникулах я ездил(а) в Японию. Перед поездкой мне надо было обменять воны на иены. Я пошёл (пошла) в банк. Сначала я спросил(а) служащего банка о курсе воны к иене. (Сначала я спросил(а) служащего банка, какой курс воны к иене). Служащий ответил, что одна иена - ______________________

____

____

____

다음 질문에 답해 보세요.

1 - Ты идёшь в посольство? Зачем?

-

2 - Какую сумму вы хотели бы обменять?

-

3 - Я потерял(а) паспорт. Что мне (надо) делать?

-

4 - Меня не устраивает группа, в которой я учусь. Эта группа слишком высокого (низкого) уровня. Что мне (надо) делать?

-

5 - Почему ты не хочешь подрабатывать?

-

6 - Я хочу, чтобы ты всегда помогал мне. Почему ты отказываешься?

-

7 - Почему родители не хотят, чтобы ты учился в магистратуре?

-

8 - Скажите, какой сегодня курс евро?

-

어휘 отказываться 거절하다

연습문제 5

주어진 상황을 읽고 이에 따른 짧은 대화문을 만들어 보세요.

1. Вам нужна какая-нибудь вещь. Попросите у друга эту вещь, объясните, зачем вам нужна эта вещь, скажите, когда вы вернёте эту вещь.

____

____

____

2. Ваш русский друг хочет поехать на остров Чеджу. Какие вещи ему нужно взять с собой? Посоветуйте, объясните, почему вы даёте такой совет.

____

____

____

연습문제 6

다음 문장을 완성해 보세요. 필요하면 [별표 1]을 참조하세요.

1. Брат обменял ______________________________.
2. Лариса изменила ______________________________.
3. Тебе надо поменять ______________________________.
4. Я собираю ______________________________.
5. Я собираюсь ______________________________.
6. Окна выходят ______________________________.
7. Я хочу номер с видом ______________________________.
8. Обязательно возьми с собой ______________________________.
9. Давай не ______________________________.
10. Мне надо отменить ______________________________.

러시아 문화 알아보기

루블과 코페이카

'루블(рубль)'이라는 말은 13세기 루시에서 생겨났습니다. 이 단어는 '베다'라는 뜻을 지닌 동사 «рубить»에서 온 것입니다. 당시 화폐 단위가 되었던 것은 '그리브나(гривна)'라 불리던 은 200그램이었습니다. 그리브나를 특별한 기다란 틀에 붓고 그 틀을 반으로 베었는데, 이렇게 베어진 그리브나의 반쪽을 '루블'이라 불렀습니다.

1루블에 해당하는 동전을 처음 주조한 것은 1654년의 일이었습니다. 처음에 이것은 28그램짜리 은화였습니다. 첫 루블 지폐는 1769년에 생산되었습니다. 이어 1897년부터 1914년까지는 금화 루블이 주조되기도 했습니다. 현재 사용되는 루블화는 1993년 화폐개혁의 결과로 만들어진 것입니다.

코페이카는 1/100루블, 즉 1루블은 100코페이카입니다.

'코페이카(копейка)'라는 단어는 '창(копьё)'이라는 단어에서 온 것입니다. 이는 최초의 코페이카에 말을 타고 있는 성 게오르기가 창으로 용을 무찌르고 있는 문양이 새겨져 있었던 데에서 유래한 말입니다.

17세기에는 1코페이카로 닭 한 마리를 살 수 있었고, 암소의 가격은 80코페이카였습니다. 소비에트 시기에 이르러 코페이카의 유용성은 점차 떨어져 갔고, 1코페이카로 성냥 한 갑이나 편지 봉투 두 장을 살 수 있었습니다. 버스나 지하철 요금은 5코페이카였고, 전차 요금은 3코페이카였지요. 현재 코페이카는 완전히 구매력을 상실한 화폐가 되었습니다. 2012년부터 1코페이카 동전은 주조되지 않고 있으며, 10코페이카, 50코페이카 동전만 만들어지고 있습니다.

제14과

ДАВАЙ ПОЕДЕМ КУДА-НИБУДЬ!

어디든 갑시다!

핵심 표현

- Турфирма предлагает недорогой тур.

  여행사에서 저렴한 패키지 여행을 제공한다.

이번 과에서는 여행사에서 나눌 수 있는 대화를 살펴보도록 합시다. 많은 학생이 러시아 유학 중에 해외 여행을 계획하곤 하는데요, 여행사에 가서 다양한 여행 정보를 얻고 여행을 계획할 때 나눌 수 있는 대화를 익혀 봅시다.

ПУТЕШЕСТВОВАТЬ

여행에 관하여 이야기하자면 ПУТЕШЕСТВОВАТЬ 동사의 쓰임을 정확하게 알아야 합니다. ПУТЕШЕСТВОВАТЬ를 한국어로 번역하면 '여행하다'가 됩니다. 정확한 번역이지만, 한국어의 '여행하다'와 러시아어 동사 ПУТЕШЕСТВОВАТЬ의 활용은 서로 다르기 때문에 동사의 활용에 특별히 주의해야 합니다.
동사 ПУТЕШЕСТВОВАТЬ는 〈ПО + 여격〉 활용을 합니다. 다음의 예문을 볼까요?

- Летом мы путешествовали по Европе. 여름에 우리는 유럽을 여행했다.

이 문장의 정확한 의미는 '우리가 여름에 유럽에 있으며 이 나라에서 저 나라로 이동했었다'는 뜻입니다. путешествовать는 또한 «на чём…»과 결합하여 여행 중에 이용한 교통수단을 표시할 수도 있습니다.

- На каникулах студенты путешествовали по России на поезде / на велосипедах. 방학에 학생들은 기차를 타고 / 자전거를 타고 러시아를 따라 여행했다.
- В прошлом году мы путешествовали на пароходе по Волге.
  작년에 우리는 배를 타고 볼가를 따라 여행했다.

반면, 〈путешествовать + в / на + 대격*〉은 사용할 수 없는 구문입니다. 아래의 문장들은 비문입니다.

- Летом мы путешествовали в Европу.* / в Москву.*
- Куда вы путешествовали на каникулах?*

이런 이유로 러시아어로는 '여행하다'는 뜻으로 ехать – поехать / ездить (куда?)의 운동 동사를 종종 사용합니다.

- Начались каникулы, сегодня я еду в Европу.
  방학이 시작되었고 오늘 나는 유럽으로 여행을 떠난다.
- Летом мы ездили в Россию / на Байкал.
  여름에 우리는 러시아로 / 바이칼 호수로 여행을 다녀왔다.
- Ты куда-нибудь поедешь на зимних каникулах?
  너는 겨울 방학에 어디로든 여행을 가니?

ПУТЕШЕСТВИЕ

ПУТЕШЕСТВОВАТЬ 동사의 명사형 ПУТЕШЕСТВИЕ는 СОВЕРШАТЬ – СОВЕРШИТЬ 동사와 결합하여 사용되고 그 활용 범위 또한 넓습니다. 하지만 이 표현은 다소 문어적인 표현으로, 구어체의 회화에서는 거의 사용되지 않습니다.

1 по + 여격

- Предлагаем вам совершить путешествие по Европе.
  여러분께 유럽 여행을 권합니다.

2 в / на + 대격

- Туристическая компания «Кругосвет» приглашает совершить путешествие в любую страну мира.
  여행사 '온누리'는 세계 모든 나라로의 여행으로 여러분을 초대합니다.
  (직역: 여행사 '온누리'는 세계의 어떤 나라로라도 여행을 하시기를 초청합니다.)

일상어에서는 ПУТЕШЕСТВИЕ라는 단어 대신 ПОЕХАТЬ 동사에서 파생된 명사 ПОЕЗДКА가 더 자주 사용됩니다.

- Брат рассказал нам о своей поездке на Байкал.
  형은 우리에게 바이칼 호수로 다녀온 자신의 여행에 관하여 이야기해 주었다.
- Туристическая фирма предлагает недорогую поездку в Турцию.
  여행사에 터키로 가는 저렴한 여행 상품이 있다.
  (직역: 여행사가 터키로 가는 저렴한 여행을 제안한다.)

최근 들어서는 «путешествие, поездка» 대신 프랑스어에서 온 외래어 тур(pl. туры)도 널리 사용됩니다. 이 단어는 주로 공식적이거나 업무적인 영역, 또 광고문에서 많이 사용됩니다.

- Предлагаем вам недорогие туры в Китай.
  여러분께 중국으로 가는 저렴한 여행을 제안합니다.

회화 1

이제 앞서 배운 어휘와 문법을 바탕으로 여행과 관련된 대화문을 익히고 활용해 봅시다.

Софья: Здравствуйте!

Менеджер: Добрый день! Слушаю вас.

Софья: Я хотела бы поехать в Париж дней на пять. Сколько стоит такой тур?

Менеджер: Так… сейчас посмотрим… Примерно 1500 (тысячу пятьсот) долларов.

Софья: А что входит в стоимость?

Менеджер: Авиабилеты, проживание в гостинице, экскурсионная программа, питание – завтрак и обед.

Софья: Понятно. А какая будет гостиница?

Менеджер: Трёхзвёздочная гостиница. Недорогая, но комфортабельная и находится недалеко от центра города.

Софья: Хорошо. А какая экскурсионная программа? Что я смогу посмотреть?

Менеджер: У вас будут экскурсии в Лувр, на Эйфелеву башню, в национальный музей.

Софья: Очень хорошо. Всегда мечтала подняться на Эйфелеву башню.

Менеджер: Кроме того, вы посетите исторический музей и музей французского вина, где сможете попробовать лучшие французские вина.

Софья: Прекрасно. Меня устраивает такая программа.

Менеджер: Когда вы планируете поехать?

Софья: В начале февраля.

Менеджер: С пятого по десятое февраля вас устроит?

Софья: Думаю, да.

Менеджер: Тогда вам надо на следующей неделе принести документы для оформления визы и заплатить за тур.

Софья: Хорошо, я зайду к вам на следующей неделе в среду.

소피아: 안녕하세요!

매니저: 안녕하세요! 무엇을 도와드릴까요?

소피아: 5일 정도 파리에 가고 싶은데요. 그런 여행을 가면 비용이 얼마나 들까요?

매니저: 그렇군요… 지금 보겠습니다… 대략 1500달러 정도가 드네요.

소피아: 그 비용에는 무엇이 포함되나요?

매니저: 항공편, 숙박, 관광 프로그램과 식사(조식과 중식)가 포함됩니다.

소피아: 알겠습니다. 호텔은 어떤 호텔인가요?

매니저: 삼성 호텔입니다. 저렴하지만 편안한 호텔로 시내에서 멀지 않은 곳에 있습니다.

소피아: 좋군요. 관광 프로그램은 어떤 것인가요? 제가 무엇을 볼 수 있는 거지요?

매니저: 루브르 박물관, 에펠탑, 내셔널 뮤지엄 관광을 하실 수 있습니다.

소피아: 아주 좋네요. 늘 에펠탑에 올라가 보고 싶었거든요.

매니저: 그 외에도 역사 박물관, 최고의 프랑스 포도주를 맛보실 수 있는 포도주 박물관을 방문하실 겁니다.

소피아: 아주 좋아요. 그런 프로그램이라면 마음에 듭니다.

매니저: 언제 여행을 가실 계획이시죠?

소피아: 2월 초에요.

매니저: 2월 5일부터 10일까지 일정이 가능하실까요?

소피아: 가능할 것 같습니다.

매니저: 그럼 다음 주에 비자 발급을 위한 서류를 제출하고 여행 비용을 지불하러 오셔야 합니다.

소피아: 좋습니다. 그럼 다음 주 수요일에 방문하겠습니다.

어휘와 표현

- **тур (туристическая поездка)** 투어
  туристическая фирма (турфирма, турагентство) 여행사
- **входить в стоимость** 가격에 포함되다
- **примерно** 대략
- **авиабилет** 항공권
- **проживание** 숙박
- **питание** 식사, 식비
- **гостиница** 호텔
  трёхзвёздочная / четырёхзвёздочная / пятизвёздочная~ 삼성 / 사성 / 오성 호텔
- **посещать – посетить** 방문하다
- **кроме того** 그 외에
- **пробовать – попробовать** 먹어 보다, 시도해 보다

주어진 상황을 읽고 상황에 맞는 대화문을 만들어 보세요.

Соня – ваша подруга, она собирается поехать в Париж, поэтому сегодня она ходила в турфирму. Спросите её о будущей поездке.

____

____

____

다음 질문에 답하여 짧은 대화를 완성해 보세요.

1. - Я слышала, что ты ездила в Японию. Ну, и как? Понравилась поездка?
   - ______________________________

2. - Вы сказали, что поездка в Германию и Италию стоит примерно две тысячи долларов. А что входит в стоимость?
   - ______________________________

3. - Скоро каникулы, куда ты хотел бы поехать?
   - ______________________________

연습문제 3

주어진 상황을 읽고 상황에 맞는 대화문을 작성해 보세요.

Студент 1: На зимних каникулах вы собираетесь поехать в Китай (в Японию, в Испанию, в Италию и т.д.) на 7~8 дней. Позвоните в турфирму и спросите о гостинице, питании и т. д.

Студент 2: Вы работаете в турфирме. Вам позвонил человек, который хочет поехать в Китай (в Японию…). Расскажите ему всё о таком путешествии.

ДУМАТЬ 그룹 동사

이어 익히게 될 대화문에 '생각을 바꾸다'라는 동사가 사용됩니다. 이와 연관하여 думать 그룹의 동사를 익혀 봅시다.

1 думать – подумать (о ком?) (о чём?) ~에 관하여 생각하다

~ о родителях, о родине, о жизни 부모님, 조국, 인생에 관하여 생각하다

~, что + 절

- Я думаю, что Сеул – очень интересный город.
  나는 서울이 매우 흥미로운 도시라고 생각한다.

2 обдумывать – обдумать (что?) ~에 관하여 깊이 생각하다, 심사숙고하다

~ вопрос, тему, проблему, решение 질문, 테마, 문제, 결정에 관하여 심사숙고하다

3 придумывать – придумать (что?) ~을 생각해 내다, 만들어 내다

~ предложение, диалог, игру 제안, 대화, 놀이를 생각해 내다

4 передумать (что делать?) ~을 할 마음을 바꾸다, 계획을 변경하다

- Брат хотел поехать в Америку, но передумал.
  오빠는 미국에 가고 싶어 했지만, 마음을 바꾸었다.
- Брат передумал ехать в Америку. 오빠는 미국에 갈 마음을 바꾸었다.

5 раздумать (СВ) ~할 마음을 버리다, 단념하다, 마음을 바꾸다

- Брат раздумал ехать в Москву. 오빠는 모스크바에 갈 마음을 버렸다.
- Олег собирался жениться, но раздумал. 올렉은 결혼하려 했다가, 마음을 바꾸었다.
- Олег раздумал жениться. 올렉은 결혼할 마음을 버렸다.

6 задумываться – задуматься (о чём?) ~ 깊은 생각에 잠기다, 골똘히 생각하다

- Он задумался и проехал свою остановку. 그는 생각에 잠겨 자기 정거장을 지나쳤다.
- О чём ты задумалась? 무엇에 관하여 그렇게 골똘히 생각하고 있니?

이제 **думать** 동사를 사용한 짧은 대화문을 읽고 숙지하여 여러분도 서로에게 이야기해 보세요.

1. - Вера, я вижу, ты совсем не слушаешь меня.
   - Извини, я задумалась.

2. - О чём ты всё время думаешь?
   - Об экзамене, я ужасно волнуюсь.

3. - Ты поедешь на экскурсию во Дворец императора?
   - Сначала я хотел ехать, но потом передумал / раздумал.
   - Почему?
   - У меня появились другие дела.

4. В субботу на нашем факультете будет фестиваль, мы должны придумать что-нибудь интересное, весёлое.

5. - Ты собираешься выйти замуж за Антона? Но ведь дружите только 2 месяца. Ты его плохо знаешь. Я советую тебе ещё раз хорошо подумать / ещё раз хорошо обдумать своё решение.
   - Я уже всё обдумала.

연습문제 4

다음 문장을 읽고 ДУМАТЬ군 동사를 알맞은 형태로 넣어 보세요.

1. Сначала Саша хотел стать врачом, но потом ________________ и поступил на экономический факультет.

2. Скоро детский праздник, давайте ________________ интересные игры.

3. - О чём ты ________________?
   - В последнее время у меня появилось много проблем.

4. - Посоветуй, как написать доклад.
   - Сначала надо хорошо ________________ тему, потом начинать писать.

5. Скоро ты окончишь университет. Тебе надо ________________, что ты будешь делать дальше.

다음 질문에 답해 보세요.

1. - Я слышала, что ты собирался жениться (собиралась выйти замуж), но потом раздумал(а). Что случилось?

   - ______________________________

   ____

2. - О чём ты задумался (-лась)? В последнее время ты постоянно о чём-то думаешь? Что случилось?

   - ______________________________

   ____

3. - Твой младший брат учится в университете? А я думала, что он школьник.

   - ______________________________

   ____

주의하세요!

Я ДУМАЛ, ЧТО ОН АМЕРИКАНЕЦ.

이번에는 조금 다른 구문을 볼까요? 여러분이 알고 있는 것처럼 **думать** 동사는 〈**о** + 명사〉의 활용을 하기도 하지만, 접속사 **что**를 사용하여 절을 이끌기도 합니다.

Я думал, что ~

간단한 형태인것 같지만 한국 학생들이 실수를 저지르는 구문이기도 합니다. 종종 한국 학생들은 이런 문장을 말합니다. «Я не знал, что он француз. Я знал, что он американец.*» 이는 한국어의 '그가 프랑스 사람인 것을 몰랐어요. 미국 사람인 줄 알았어요.'라는 문장을 번역하면서 생긴 실수인데요, 다음과 같이 **думать** 구문을 사용하여 말해야 정확한 문장이 됩니다.

Я не знал, что он француз. Я думал, что он американец.

Я ДУМАЛ(А), ЧТО… 구문을 사용하여 문장을 완성해 보세요.

1. - Этой женщине 40 лет.

   - Правда? ______________________________.

2 - Софья вышла замуж за Максима.

- Правда? ______________________________.

3 - Эта девушка хорошо говорит по-английски, но она не американка, а испанка.

- Правда? ______________________________.

4 Какой скучный фильм! ____________________, что он интересный.

5 - Ты слышал, что Сон Ми поехала учиться в Новосибирск?

- Нет, не слышала, ______________________________.

6 - Ваня, ты слышал, что завтра будет экскурсия в Суздаль?

- Нет, не слышал, ______________________________.

연습문제 7

여러분이 여러분의 기대나 생각과 일치하지 않는 정보를 들었습니다. 보기를 보고 대화에 답하며 여러분은 왜 그렇게 생각하지 않았는지 이야기해 봅시다.

보기
- Миша получил «3» на экзамене по русской литературе.
- А я думал(а), что он получил «5», потому что он всегда получает только высокие оценки.

1 - Сергей хочет поступить на химический факультет.

- ______________________________

2 - Марина плохо говорит по-корейски.

- ______________________________

3 - Олегу нравится Наташа.

- ______________________________

4 - Больше всего Игорь любит играть в баскетбол.

- ______________________________

회화 2

Track 14-2

이제 두 번째 대화문을 살펴봅시다. 여러분이 신문에서 여행사의 광고문을 읽었는데 거기에서 저렴한 중국행 여행 상품을 발견했습니다. 광고를 보고 친구에게 중국에 함께 가자고 제안하는 대화를 봅시다.

А: Дима, какие у тебя планы на каникулы?

Б: Пока никаких. А что?

А: Давай поедем куда-нибудь.

Б: Хорошая мысль. А куда?

А: Вчера я прочитал в газете, что турфирма «Восток плюс» предлагает недорогой пятидневный тур в Китай.

Б: И сколько он стоит?

А: 300 долларов.

Б: А что входит в стоимость?

А: Авиабилеты, экскурсионная программа, гостиница, питание – только завтрак.

Б: А обед и ужин за свой счёт?

А: Да, но фирма предлагает скидки студентам.

Б: Какие?

А: 10 процентов.

Б: Это хорошо. Можно, конечно, поехать… Давай поедем.

А: Договорились? Ты не передумаешь?

А: 디마, 방학 때 어떤 계획이 있어?

Б: 아직 아무 계획 없는데. 왜?

А: 우리 어디라도 함께 가자.

Б: 좋은 생각이야. 어디를 갈까?

А: 어제 신문에서 '동방 플러스' 여행사가 저렴한 5일짜리 중국 패키지 여행 광고를 낸 걸 봤어.

Б: 얼마인데?

А: 300달러.

Б: 가격에 뭐가 포함되는데?

А: 항공권, 관광 프로그램, 호텔, 조식만 제공되는 식사.

Б: 점심, 저녁은 자비 부담이고?

А: 응, 그런데 여행사에서 대학생들에게는 할인도 해 주더라고.

Б: 얼마나?

А: 10퍼센트.

Б: 좋네. 당연히 갈 수 있지… 가자.

А: 가기로 한 거지? 마음 바꾸지 않을 거지?

어휘와 표현

- планы на … + 대격: ~ 계획

  планы на вечер / на субботу / на выходные / на август / на лето / на каникулы

  저녁 / 토요일 / 휴일 / 8월 / 여름 / 방학 계획

- хорошая мысль / идея 좋은 생각, 아이디어

- предлагать – предложить 제안하다

  А) (кому?) (что?)

  - Мама предложила гостям чай и кофе. 엄마가 손님들에게 차와 커피를 드시라고 했다.
  - Гостиница предлагает завтрак и ужин. 호텔은 아침과 저녁을 제공한다.
  - Турфирма предлагает недорогую поездку. 여행사는 저렴한 패키지 여행을 제공한다.

  Б) (кому?) (что делать? / что сделать)

  - Я предложил другу играть в теннис 3 раза в неделю.
    나는 친구에게 일주일에 세 번 테니스를 치자고 제안했다.
  - Друзья предложили мне отдыхать на море весь июль.
    친구들은 나에게 바다에서 7월 내내 쉬자고 제안했다.
  - Света предложила Вере поехать в Испанию на летних каникулах.
    스베타는 베라에게 여름 방학에 스페인에 가자고 제안했다.

- пятидневный (← ПЯТЬ ДНЕЙ) 5일 간의

один день	два дня	три дня	четыре дня	пять дней
однодневный	двухдневный	трёхдневный	четырёхдневный	пятидневный
шесть дней	семь дней	восемь дней	девять дней	десять дней
шестидневный	семидневный	восьмидневный	девятидневный	десятидневный

- за свой счёт 자비로

방학 중에 여러분은 여행을 갈 계획입니다. 여행사 광고문을 읽어 보고 마음에 드는 패키지 여행이 있으면 친구에게 함께 여행을 가자고 제안해 보세요.

ВОСТОК – тревел

приглашает
в
путешествие!

Сингапур (5 дней) $ 895
Сайпан (7 дней) $ 1440
Тайланд (5 дней) $ 690
для групп более 5 человек – скидки!
Тел. 33 - 40 - 98

Турфирма «Фантазия»

скидки группам и молодёжи до 25 лет!

Япония (Токио) $ 680 - 7 дней
Ю.Корея (Сеул) $ 450 - 5 дней
Египет - $ 580 - 7 дней
Европа (Париж, Лондон, Рим) 10 дней $ 1500
Китай (Харбин) - ежедневно, $ 300
визы
авиабилеты тел. 29 - 55 - 76

러시아 문화 알아보기

여행에 초대합니다!

러시아의 유럽 지역에서 가장 인기 있는 관광 코스는 '황금 반지(Золотое кольцо)'입니다. 전통적으로 '황금 반지'는 블라디미르, 수즈달, 이바노프, 코스트로마, 야로슬라블, 로스토프 벨리키, 페레슬라블-자레스키, 세르기예프 파사트 등 8개의 도시를 묶어 부르는 명칭입니다.

이 여행 코스를 '반지'라고 부르는 것은 지도상에서 위에 열거한 8개의 도시를 모두 이으면 자그마한 원형, 즉 반지 모양이 이루어지기 때문이고, '황금'을 붙여 부르는 것은 이 러시아의 고도들이 모두 그 자체로 러시아 문화와 건축의 기념비가 되는 아름다운 도시들이기 때문입니다.

예를 들어 블라디미르는 고대의 아름다운 사원들로 유명합니다. 그 중에서도 1158년에 지어진 우스펜스키 사원이 가장 널리 알려졌습니다. 야로슬라블에서 관광객들은 12세기에 세워진 구세주 변형 수도원을 방문할 수 있습니다.

또한 도시마다 특유의 수공예품을 생산하기도 합니다. 예를 들어, 코스트로마는 아마천으로 유명한 도시입니다. 14세기에 코스트로마의 아마는 러시아뿐 아니라 유럽 전역에서 인기 있는 수공예품이었습니다. 세르기예프 파사트는 전 세계에 마트료시카와 성모 인형의 산지로 알려져 있고, 수즈달은 러시아 이콘화의 메카로 불립니다. 지금도 수즈달에서는 많은 이콘 화가들이 활동하고 있는데, 그중 가장 유명한 공방은 안드레이 다비도프 수사의 공방입니다. 벨리키 노브고로드는 자작나무 공예로 유명합니다. 자작나무의 껍질을 베레스타(береста)라고 부르는데, 러시아인들은 예로부터 자작나무 껍질을 잘라 얇게 말린 베레스타를 엮어서 바구니, 상자, 함 등 여러가지 공예품을 만들었습니니다.

러시아 고대의 정수를 맛보고, 자연의 아름다움을 만끽하고, 민속 축제와 공방체험 등을 통해 러시아 민속 예술을 더 가까이에서 접하고 싶은 분들은 언제든 '황금 반지'로 여행을 떠나시기를 추천합니다.

제15과

Я ПООБЕЩАЛ НИНЕ ПОМОЧЬ ПЕРЕВЕСТИ ТЕКСТ.

니나에게 텍스트 번역하는 것을 도와주겠다고 약속했어.

핵심 표현

- Я пообещал Нине помочь перевести текст.
  나는 니나에게 텍스트 번역하는 것을 도와주겠다고 약속했다.
- Мы с Ниной договорились встретиться в парке в 6 часов.
  나와 니나는 여섯 시에 공원에서 만나기로 약속을 했어.
- Брат убедили меня (в том), что лучше поехать в Москву летом, а не зимой.
  형은 모스크바에는 겨울이 아니라 여름에 가는 것이 좋다는 점을 나에게 납득시켰다.

이번 과에서는 약속과 설득의 의미를 지니는 두 가지 동사 군을 중심으로 회화를 연습해 보려고 합니다. 일상에서 대화를 나누다 보면 약속하거나 합의를 볼 일이 많이 있습니다. 이런 경우에 ОБЕЩАТЬ – ПООБЕЩАТЬ, ДОГОВАРИВАТЬСЯ – ДОГОВОРИТЬСЯ 동사를 사용하는데, 이 동사들은 의미와 문법 활용을 정확하게 알고 있어야 실수 없이 사용할 수 있습니다. 또 설득할 필요가 있을 때는 УБЕЖДАТЬ – УБЕДИТЬ 동사를 사용합니다. 먼저 각각의 동사의 의미와 활용을 꼼꼼하게 살피고, 이 동사에 기반을 둔 회화를 연습해 봅시다.

ОБЕЩАТЬ – ПООБЕЩАТЬ

- ОБЕЩАТЬ – ПООБЕЩАТЬ는 '약속하다', ДОГОВАРИВАТЬСЯ – ДОГОВОРИТЬСЯ는 '합의를 보다'는 뜻의 동사이지만 한국어를 모국어로 사용하는 화자는 이 두 동사의 쓰임을 혼동하여 사용하는 경우가 많습니다. 한국어로는 한 사람이 다른 사람에게 무언가를 약속한 경우만이 아니라 쌍방이 합의를 본 경우에도 "약속했다! 내일 보자!"라는 표현이 가능하기 때문에 한국 학생들이 두 동사를 혼동하여 사용하는 것입니다. 아래 동사의 설명을 잘 보고 두 동사가 러시아어에서 어떻게 사용되는지 살펴보도록 합시다.

- обещать – пообещать

  이 동사는 주체가 다른 사람에 대하여 어떤 책임을 질 때 사용하는 동사로, 약속한 주체만이 그 책임을 다할 의무가 있을 때 사용합니다.

1 обещать – пообещать (кому?) (что делать / сделать?)
~에게 ~을 하겠다고 약속하다

- Саша пообещал учительнице всегда делать домашнее задание.
  사샤는 선생님께 항상 숙제를 하겠다는 약속을 했다.
- Я пообещал Нине помочь перевести текст.
  나는 니나에게 텍스트 번역하는 것을 도와주겠다고 약속했다.

2 обещать – пообещать (кому?), что…
~에게 ~что 이하의 내용을 약속하다

- Сын пообещал родителям, что всегда будет возвращаться домой не позже двенадцати часов.
  아들은 부모님께 항상 12시 전에(12시보다 늦지 않게) 집에 돌아오겠다고 약속했다.
- Студент пообещал преподавателю, что хорошо подготовится к экзамену и успешно сдаст его.
  학생은 선생님께 시험 준비를 잘해서 성공적으로 시험을 치르겠다고 약속했다.

ДОГОВАРИВАТЬСЯ – ДОГОВОРИТЬСЯ

ДОГОВАРИВАТЬСЯ – ДОГОВОРИТЬСЯ

이 동사는 복수의 주체들이 함께 그들 모두가 동의할 수 있는 어떤 일에 합의한다는 뜻을 지닙니다. 이 경우 합의에 참여한 모든 사람이 합의를 지켜야 할 의무를 지게 됩니다. 한국 학생들은 이러한 구분을 두지 않고 обещать – пообещать 동사를 사용하는 경향이 있는데 주의하시기 바랍니다.

1 договариваться – договориться (с кем?) (что делать / сделать?)
~와 ~을 하기로 합의하다, 약속하다

- Мы с Ниной договорились встретиться в парке в 6 часов.
  = Я договорился с Ниной встретиться в парке в 6 часов.
  나는 니나와 공원에서 6시에 만나기로 했다.
- Мы с друзьями договорились в субботу поехать на море.
  나와 친구들은 토요일에 바닷가에 가기로 했다.

2 договариваться – договориться (с кем?) (о чём?)
~와 ~에 관하여 합의를 보다, 약속을 하다

- Мы с Ниной договорились о встрече в парке в 6 часов.
  = Я договорился с Ниной о встрече в парке в 6 часов.
  나와 니나는 공원에서 6시에 만나기로 했다.

3 договариваться – договориться (с кем?), что…
~와 ~что 이하의 내용에 대해 합의하다

- Мы с друзьями договорились, что в субботу поедем на море.
  나와 친구들은 토요일에 바닷가에 가기로 했다.

회화

앞에서 다룬 동사를 활용한 회화문을 익혀 봅시다. 다음 지문을 보고 이 상황에 근거해 만든 두 가지의 회화문을 익혀 봅시다.

Вы договорились с другом сегодня вечером пойти в кино, но младший брат попросил вас помочь ему подготовиться к тесту по английскому языку. Извинитесь перед другом, объясните, почему вы не сможете пойти с ним в кино.

오늘 저녁 당신은 친구와 영화관에 가기로 했습니다. 하지만 동생이 영어 시험 준비를 도와달라는 부탁을 했습니다. 친구에게 사과하고 왜 그와 함께 영화관에 갈 수 없는지를 설명해 보세요.

1 Track 15-1

А: Извини, Вадим, я сегодня не смогу пойти с тобой в кино.

Б: Почему? (А что случилось?)

А: Понимаешь, я должна помочь брату подготовиться к тесту по английскому языку.

Б: Да, я понимаю. Конечно, жаль, что ты не пойдёшь в кино, но тест важнее.

А: Извини ещё раз, давай пойдём в кино в другой раз.

Б: Хорошо, потом договоримся.

2 Track 15-2

А: Вадим, мы с тобой договорились пойти сегодня в кино, но я не смогу, потому что у брата завтра тест по английскому языку, он попросил меня помочь ему подготовиться.

Б: Да-да, понимаю. Конечно, обязательно помоги брату. А в кино мы сможем пойти в другой день.

А: Извини, что так получилось.

Б: Ничего, всё нормально.

1

А: 미안해, 바딤, 오늘 너랑 영화관에 갈 수 없어.

Б: 왜? (무슨 일이야?)

А: 저기, 내가 동생이 영어 시험 준비하는 것을 도와줘야 해서.

Б: 그렇구나, 이해해. 물론 네가 영화관에 못 가는 것은 안타깝지만, 시험이 더 중요하니까.

А: 다시 한번 미안해. 다음번에 영화 보러 가자 .

Б: 좋아, 나중에 약속 잡자.

2

А: 바딤, 너랑 나랑 오늘 영화 보러 가기로 했었잖아, 그런데 내가 갈 수가 없어. 동생이 내일 영어 시험이 있는데 나보고 준비를 도와달라고 부탁을 했거든.

Б: 그렇구나, 이해해. 당연히 동생을 꼭 도와줘. 우리 영화는 다른 날 보러 갈 수 있어.

А: 이렇게 돼서 미안해.

Б: 별일 아냐, 정말 괜찮아.

먼저 주어진 상황을 읽고 이어 대화문을 읽어 보세요.

Вы обещали подруге прийти к ней в гости. Но ваши планы изменились: отец попросил вас поехать в аэропорт и встретить бабушку и дедушку, которые приедут из Петербурга. Позвоните подруге сообщите об этом и извинитесь.

А: Света, я обещала прийти к тебе сегодня.

Б: Да-да, я жду тебя в 4 часа.

А: Извини, но я не смогу прийти.

Б: А что случилось?

А: Сегодня из Петербурга приедут бабушка и дедушка. Папа не сможет встретить их в аэропорту, поэтому попросил меня поехать в аэропорт и встретить их. Ещё раз извини, что так получилось.

Б: Не волнуйся! Всё нормально. Мы увидимся в другой день. До встречи!

А: Пока!

이제 이 대화문을 간접인용문의 형식으로 전해 보세요.

연습문제 2

짧은 텍스트가 만들어지도록 주어진 문장에 이어 네 문장을 더해 보세요.

1. На прошлой неделе сын пообещал маме, что всегда будет возвращаться домой до двенадцати часов.
2. ______________________________
3. ______________________________
4. ______________________________
5. ______________________________

연습문제 3

주어진 상황에 대하여 읽고 대화문을 만들어 보세요.

1. Вы обещали иностранной подруге помочь заполнить анкету для получения визы, но вы не сможете выполнить своё обещание, сообщите об этом подруге, объясните причину, договоритесь помочь ей в другой день.

2. Вы договорились с иностранной подругой пойти в агентство недвижимости, чтобы снять квартиру. Но ваши планы изменились, позвоните ей и сообщите об этом, объясните причину, договоритесь пойти в другой день.

УБЕЖДАТЬ – УБЕДИТЬ

- 이번에는 '설득하다'는 의미를 지니는 동사의 활용을 살피고, 이를 바탕으로 회화를 연습해 봅시다.

- убеждать – убедить кого? в чём? ~ 점에 있어서 ~을 설득시키다, 믿게 하다
  (в том), что…

  - Брат убедил меня в своей правоте.
    형은 자기의 정당성을 나에게 납득시켰다. (직역: 자기의 정당성에 있어 나를 납득시켰다.)
  - Брат убедили меня (в том), что лучше поехать в Москву летом, а не зимой.
    형은 모스크바에는 겨울이 아니라 여름에 가는 것이 좋다는 점을 나에게 납득시켰다.

- 다음 상황을 읽고 상황에 따른 대화문을 작성해 보세요. 먼저 예가 될 만한 아래의 대화문을 익혀 보세요.

Завтра у вашего друга Миши день рождения. Вы с подругой Леной думаете, какой подарок купить. Вы думаете, что надо подарить Мише баскетбольный мяч, но ваша подруга предлагает подарить ему галстук. Убедите её, что лучше подарить баскетбольный мяч.

- Лена, ты помнишь, что у Миши завтра день рождения?
- Конечно помню, я всю неделю думаю, что подарить ему.
- Мне кажется, лучше подарить ему баскетбольный мяч. Он любит играть в баскетбол, но его мяч совсем старый.
- Мяч – хороший подарок, но я думаю, что лучше подарить галстук.
- Почему?
- Недавно Миша купил новый костюм, но у него нет подходящего галстука.
- Но Миша очень редко надевает костюм, а в баскетбол играет почти каждый день. А ещё мяч (стоит) дороже, чем галстук, поэтому, я думаю, Миша больше обрадуется мячу, чем галстуку.

주의하세요!

ТЫ ПРАВ / НЕ ПРАВ

위의 대화문과 관련하여 상대방과 동의하거나 동의하지 않을 때 쓰는 표현을 익혀 봅시다.

동의할 때	동의하지 않을 때
Ты прав. / Ты права. / Вы правы. 네가/당신이 옳다.	Ты не прав. / Ты не права. / Вы не правы. 너는/당신은 옳지 않다.
Я согласен с тобой / с вами. 나는 너와/당신과 동의한다.	Я не согласен с тобой / с вами. 나는 너와/당신과 동의하지 않는다.

연습문제 4

다음 문장을 읽고 먼저 동의하는 반응을, 이어 동의하지 않는 반응을 보이며 대화를 이어가 보세요. 또 동의하거나 동의하지 않는 이유도 말해 보세요.

보기

- Джон прекрасно знает русский язык.
- а) Да, ты прав(а), у него хорошее произношение и правильная грамматика.
  б) Нет, ты не прав(а), он плохо знает грамматику, поэтому делает много ошибок.

1. Виктор хорошо играет в бадминтон.
   - ____
   - ____

2. Наташа – самая красивая девушка на нашем факультете.
   - ____
   - ____

3. Я думаю, что лучше поехать не на Восточное море, а на Западное.
   - ____
   - ____

4. Мне кажется, что «Самсунг» - самая популярная в Корее футбольная команда.
   - ____
   - ____

주어진 상황을 읽고 상황에 따른 대화문을 만들어 보세요.

상황 1

Вы с друзьями обсуждаете, каким видом спорта лучше заниматься.

Студент 1: считает, что лучше всего заниматься баскетболом;

Студент 2: гольфом;

Студент 3: шахматами;

상황 2

Вы с друзьями думаете, в каком ресторане лучше поужинать.

Студент 1: считает, что лучше пойти в китайский ресторан;

Студент 2: в японский ресторан;

Студент 3: в пиццерию;

연습문제 6

다음 문장을 완성해 보세요. 필요하면 [별표 1]을 참조하세요.

1. Мы попрощались ____________________.
2. Профессор объяснил ____________________.
3. Сергей объяснил, почему ____________________.
4. Мы с Милой договорились ____________________.
5. Сын пообещал ____________________.
6. Дети убедили маму ____________________.
7. Студенты обсуждают ____________________.
8. Я не смогу выполнить это обещание, потому что ____________________.
9. Я не смогу выполнить это обещание, поэтому ____________________
10. Все студенты хотят ____________________.
11. Все студенты хотят, чтобы ____________________.

연습문제 7

다음 질문에 답해 보세요.

1. - Ты поедешь в субботу в Пусан на поезде? Как долго идёт поезд в Пусан? Что ты будешь делать в поезде?

   - ____________________

2. - Ты всегда выполняешь свои обещания?

   - ____________________

3. - Что ты пообещал(а) брату?

   - ____________________

4. - О чём ты договорился (-лась) с Иваном?

   - ____________________

러시아 문화 알아보기

작별 인사

현대 러시아어에서는 작별할 때 '다시 만날 때까지'라는 의미를 지니는 «До свидания!»라는 표현을 사용합니다. свидание라는 말은 '만나다'라는 свидеться 동사에서 파생된 명사입니다.

그런데 «До свидания!»라는 표현이 사용된 것은 19세기의 일입니다. 그 전에는 «Прощайте!»라는 작별 인사를 사용했습니다. 이 단어는 '용서하다'는 뜻을 지닌 прощать 동사의 명령형으로 현대 러시아어로 하자면 «Простите меня(나를 용서해 주세요)!»에 해당하는 표현입니다. 이러한 표현의 기저에는 자신이 떠나는 것이 상대방의 마음을 상하게 할 수 있다는 러시아인들의 세심한 배려가 담겨 있습니다. «Прощайте!»라는 표현과 함께 «Пока прощайте!»라는 작별 인사도 널리 사용되었습니다. 언어학자들의 견해에 따르면 여기서 пока라는 말은 '현재까지'라는 뜻으로, «Пока прощайте!»라는 인사는 "지금까지 내가 한 일들은 용서하시고, 앞으로의 일은 미리 예단하지 맙시다!"라는 뜻을 전했다고 합니다. 이는 미래를 예단하거나 예측하는 것을 매우 조심스러워하는 러시아인들의 멘탈리티를 반영하고 있습니다. 어찌 보면 미신적인 생각 때문에 러시아인들은 미래에 대한 계획을 말하는 일 자체를 매우 조심스러워했던 것 같습니다.

«До свидания!»라는 표현의 등장과 함께 «Пока до свидания!»라는 표현도 생겨났습니다. 이는 "지금 이 순간까지는 우리가 다시 만날 미래의 만남을 계획하지만 미래에 어떤 일이 벌어질지 우리도 알 수 없으니, 현재까지의 상황으로는 다시 만나자!"라는 뜻을 지닙니다.

그리고 이러한 표현에서 격의 없는 작별 인사인 «Пока!»라는 인사말도 생겨났습니다. 이 표현의 형성 과정에 대해서는 학자들마다 견해가 다른데, 일군의 학자들은 이것이 «Пока прощайте!», «Пока до свидания!»의 축약형이라 생각하고, 또 다른 이들은 «Привет!» 처럼 영어, 프랑스어, 이탈리아어를 번역하는 과정에서 유비적으로 생겨난 표현이라고 보기도 합니다.

작별 인사 형식으로 «Всего хорошего!»나 «Всего доброго!»라는 표현을 쓰기도 합니다. 이는 «Я желаю вам всего хорошего / доброго(당신에게 모든 좋은 것 / 선한 것을 기원합니다)!»라는 말의 축약형입니다.

별표 1 간접인용문 만들기

❶ 평서문 직접인용문을 간접인용문으로 바꾸기

여러분은 간접인용문을 어떻게 만드는지에 대한 문법 지식을 가지고 있을 것입니다. 먼저 여러분이 알고 있는 간접인용문을 만드는 법에 대하여 복습하고, 간접인용문의 다양한 문형을 배우려고 합니다. 시제 일치를 시켜 간접문을 만들어야 하는 영어와 비교할 때 러시아어 간접문을 만드는 방법이 비교적 간단한 편입니다. 여러분이 아는 것처럼, 직접인용문을 간접인용문으로 바꾸려면 먼저 해당 문장이 평서문인지, 의문문인지, 명령문인지 그 문형을 파악해야 합니다. 먼저 평서문의 경우, 어떻게 직접인용문을 간접인용문으로 바꿀 수 있는지 살펴봅시다.

평서문의 경우 직접문을 간접문으로 바꿀 때는 접속사 ЧТО를 사용합니다. 다음의 예를 볼까요?

- Друг сказал: «Я никуда не ездил летом».
  → Друг сказал, что он никуда не ездил летом.

- Ира сказала Наташе: «Это не мой смартфон, и я не знаю, чей он».
  → Ира сказала Наташе, что это не её смартфон, и она не знает, чей он.

영어처럼 시제 일치를 고려할 필요가 없기 때문에 여러분이 신경 써야 할 것은 대명사의 관계뿐입니다. 예를 들어, 위의 첫 번째 예문에서 직접인용문 속의 «я»는 간접인용문에서는 «он»이 되는 대명사의 변화와 그에 따른 동사의 변화에만 주의하면 됩니다.

❷ 의문문 직접인용문을 간접인용문으로 바꾸기

직접 인용된 의문문을 간접인용문으로 바꾸려 할 경우는 먼저 이 의문문이 의문사가 있는 의문문인지, 의문사가 없는 의문문인지를 파악해야 합니다. 의문사가 있는 의문문은 의문사를 접속사로 삼아 간접인용문을 만들고, 의문사가 없는 의문문의 경우는 소사 **ли**를 사용하여 간접인용문을 만듭니다.

- Антон спросил Вадима: «Где ты учишься?» 안톤은 바딤에게 물었다. "너는 어디서 공부하니?"
  → Антон спросил Вадима, где он учится. 안톤은 바딤에게 그가 어디서 공부하는지 물었다.

- Сергей спросил Нину: «Ты поедешь на экскурсию». 세르게이는 니나에게 물었다. "너 견학가니?"
  Сергей спросил Нину, поедет **ли** она на экскурсию.
  세르게이는 니나에게 그녀가 견학을 가는지(아닌지를) 물었다.

소사 **ли**를 사용할 경우는 질문의 핵심이 되는 단어를 앞으로 빼 주고, 그 뒤에 **ли**를 붙인 후 문장의 나머지 부분을 써 주면 됩니다. 이때도 대명사 관계를 주목해서 보고, 그에 따라 동사도 변화시켜야 합니다. 문장 안에 소사 **ли**가 들어가면 '~인지 아닌지를'이라는 뉘앙스가 들어가게 됩니다.

❸ 명령문 직접인용문을 간접인용문으로 바꾸기

명령문을 간접문으로 만들 경우는 두 가지 모델을 사용할 수 있습니다. 먼저 동사원형을 사용하여 간접인용문을 만들 수도 있고, 접속사 ЧТОБЫ를 사용할 수도 있습니다. 다음의 문장을 볼까요?

Студент попросил преподавателя: «Повторите, пожалуйста, вопрос».
학생은 선생님께 부탁드렸다. "문제를 다시 한 번 말씀해 주세요."

1) 동사원형을 사용하는 모델
- Студент попросил преподавателя повторить вопрос.

2) 접속사 ЧТОБЫ를 사용하는 모델
- Студент попросил преподавателя, чтобы он повторил вопрос.
- Студент попросил, чтобы преподаватель повторил вопрос.

여러분이 알고 있는 것처럼 주절의 주어와 종속절의 주어가 일치하지 않을 때 чтобы가 있는 절에는 동사의 과거형을 사용해야 합니다.

❹ Дай!/ Дайте! 간접인용문 만들기

만일 명령문에 동사 дать가 사용되면, 즉 дай!/ дайте!를 간접인용문으로 만들 때에는 다음과 같은 모델을 사용할 수 있습니다.

Виктор попросил Машу: «Дай, пожалуйста, словарь».

1) 동사원형 모델: Виктор попросил Машу дать словарь.
2) ЧТОБЫ 모델: Виктор попросил Машу, чтобы она дала словарь.
3) ПОПРОСИТЬ у кого? что? 모델: : Виктор попросил у Маши словарь.

즉, дать 동사의 의미 때문에 3번과 같이 다른 동사 попросить를 사용하여 간접문을 만들 수 있습니다.

❺ 청유문 인용문을 간접인용문으로 바꾸기

"~을 하자!"라고 제안하는 청유문의 직접인용문을 간접인용문으로 바꾸기 위해서는 '제안하다'라는 뜻을 가진 동사 〈предлагать – предложить + 동사원형〉의 구문을 사용해야 합니다.

Олег сказал Ирине: «Давай завтра пойдём в кино».
→ Олег предложил Ирине завтра пойти в кино.

아래와 같은 문장은 비문으로 사용하면 안 됩니다.

Олег сказал Ирине, что давай пойдём в театр.*

별표2 동사 활용표

01 생격(родительный падеж)

❶ 생격 구문

1) **МОДЕЛЬ:**

У кого?	есть был, -а, -о, -и будет	кто? что?

- У меня есть машина.
- Раньше у брата была машина, а теперь нет машины.
- Скоро у меня будет машина, потому что папа подарит мне её.

2) **МОДЕЛЬ:**

У кого? Где?	нет не было не будет	кого? чего?

- У меня нет свободного времени.
- Раньше у меня не было свободного времени, но теперь оно есть.
- Сейчас каникулы, поэтому у меня есть время. Но когда начнётся семестр, у меня не будет свободного времени.
- В городе нет театра. Раньше в городе не было театра. В городе не будет театра.

3) **МОДЕЛЬ:**

У кого? болит / болят	что?

- У мамы болит спина.
- У брата болят зубы.

❷ 명사 + 명사 (чей?)

книга сестры	- Чья это книга?	- Это книга сестры.
словарь профессора	- Чей это словарь?	- Это словарь профессора.
стихи Пушкина	- Чьи это стихи?	- Это стихи Пушкина.

- Это **книга** сестры. Я говорю **о книге** сестры. Я читаю **книгу** сестры.

❸ 명사 + 명사 (какой?)

остановка автобуса	- Какая это остановка?	- Это остановка автобуса.
урок истории	- Какой сейчас урок?	- Сейчас урок истории.
день рождения	- Какой сегодня день?	- Сегодня день рождения мамы.

- Это **остановка** автобуса. Я иду на **остановку** автобуса. Я говорю **об остановке** автобуса.

❹ 생격의 다양한 쓰임

1) 2, 3, 4, 22, 23, 24, … + 단수 생격

- У меня 2 брата. Сейчас 3 часа. Я купил 4 ручки.

2) 5~10, 11, 12, 13, 14~20, 25-30, … + 복수 생격

- Я получил 5 писем. Брату 14 лет. В нашем городе 8 театров.

3) **МОДЕЛЬ:**

много / немного
мало / немало
сколько
несколько
+ 생격(단수 или 복수)

- У меня много книг (복수 생격) — книга 단수 주격 / книги 복수 주격
- В нашем городе мало театров (복수 생격) — театр 단수 주격 / театры 복수 주격
- Сколько у тебя сестёр? (복수 생격) — сестра 단수 주격 / сёстры 복수 주격

4)

- Дети пьют много молока (단수 생격) — молоко 단수 주격 (상시 단수)
- Я ем мало мяса. (단수 생격) — мясо 단수 주격 (상시 단수)
- Сколько винограда ты купил? (단수 생격) — виноград 단수 주격 (상시 단수)

❺ 비교급+ 생격

Брат **старше** сестры.

Антон учится **лучше** Вадима.

❻ 생격 지배 전치사

быть	У, ОКОЛО, НЕДАЛЕКО ОТ СЛЕВА ОТ…, СПРАВА ОТ…, НАПРОТИВ, ПОСРЕДИ ВОКРУГ + 생격
находиться	
сидеть	
стоять	
лежать	
висеть	
ставить – поставить	
класть – положить	
вешать – повесить	

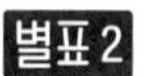

Стол стоит **около (у)** окна. Ковёр лежит **посреди** комнаты. Библиотека находится **напротив** школы. Аптека **справа от** банка. Мы поставили шкаф **недалеко от** двери. Стулья стоят **вокруг** стола.

У, БЕЗ, ПОСЛЕ, ИЗ, С, ДО, ОТ, ДЛЯ, МИМО, КРОМЕ, ИЗ-ЗА,

В ТЕЧЕНИЕ

Он был (в Москве) **у** друга. **У** Антона есть старшая сестра. Я выиграл **у** друга в теннис. **У** мамы болит голова. Я люблю кофе **без** сахара. **После** урока мы пошли в кафе. Саша вернулся **из** Москвы **от** друга. Дети вернулись **со** стадиона. Что нужно **для** оформления визы? Как доехать (дойти, добраться) **до** вокзала. Мы идём **мимо** парка. На лекцию пришли все, **кроме** Антона. Мы не поехали на море **из-за** дождя. Он жил в Москве **в течение** года.

02 여격(дательный падеж)

❶ кому?

глагол	вопрос	пример
давать – дать	кому? что?	Мама дала сыну журнал.
дарить – подарить	кому? что?	Мы подарили маме цветы.
говорить – сказать	кому? о ком? о чём?	Мама сказала папе о детях. Профессор сказал нам об экзамене.
запрещать – запретить (금하다)	кому? что делать?	Мама всегда запрещает мне надевать короткие юбки. Сегодня мама запретила мне надевать короткую юбку.
звонить – позвонить	кому?	Я позвонил другу.
мешать – помешать (방해하다)	кому? что делать? что сделать?	Брат всегда мешает мне. Брат всегда мешает мне рисовать. Вчера брат помешал мне перевести текст, поэтому я не перевёл.
объяснять – объяснить	кому? что?	Он объяснил мне грамматику.
отвечать – ответить	кому? на что?	Я ответил другу на вопрос/на письмо.
писать – написать	кому? что? чем?	Я написала другу письмо. Мальчик написал письмо синей ручкой.
показывать – показать	кому? что?	Я показал маме новую фотографию.

покупать – купить	кому? что?	Мама купила сыну брюки.
помогать – помочь	кому? что делать? что сделать?	Я всегда помогаю младшему брату. Я всегда помогаю маме готовить суп. Вчера я помог брату перевести текст.
предлагать – предложить	кому? что делать? что сделать?	Отец предложил сыну каждую субботу вместе играть в теннис. Я предложил младшему брату 2 часа играть в теннис. Антон предложил Нине вместе пойти в театр.
преподавать	кому? что?	Он преподаёт физику школьникам.
приносить – принести	кому? что? куда? что?	Мама принесла детям игрушки. Учитель принёс на урок картину.
проигрывать – проиграть выигрывать – выиграть – у кого? играть – сыграть вничью – с кем?	кому?	Вчера футбольная команда университета Корё проиграла команде университета Ёнсе (со счётом) 1:3.
радоваться – обрадоваться = рад, рада, рады	кому? чему? ..., что ..., потому что	Мы обрадовались/рады гостям. Он обрадовался/рад хорошей оценке. Он рад, что получил A+. Он рад, потому что получил A+ Дети рады, что/потому что мама купила новую игрушку.
разрешать – разрешить	кому? что делать? что сделать	Мама всегда разрешает мне играть в компьютерные игры. Мама разрешила детям два часа играть в компьютерные игры. Сегодня мама (не) разрешила мне пойти в ночной клуб.
рассказывать – рассказать	кому? о ком? о чём?	Учитель рассказывает нам о Чехове. Он рассказывает детям о Москве.
советовать – посоветовать	кому? что делать? что сделать?	Учитель советует нам каждый день учить новые слова. Брат советует мне купить машину.
улыбаться – улыбнуться	кому?	Антон всегда улыбается мне.

2 к кому? к чему?

глагол	вопрос	пример
готовиться – подготовиться	к чему?	Сейчас я готовлюсь к экзамену. Студенты хорошо подготовились к фестивалю.
идти – пойти, ходить	к кому	Я иду к другу. (в дом друга*)
ехать – поехать, ездить	к кому?	Мы едем к бабушке. (в дом бабушки*)
подходить – подойти	к кому? к чему?	Антон подошёл ко мне и спросил: «Как дела?» Маша подошла к двери и открыла её.
приходить – прийти	к кому?	Я пришёл к другу. (в дом друга*)
приезжать – приехать	к кому?	Я приехал к бабушке. (в дом бабушки*)

3 여격 구문

1) **кому?**

нравиться – понравиться	кто? что? что делать?

Мне нравится Антон. Мне нравится кофе. Мне нравится читать книги.

2) **кому?**

надо/нужно что делать? / что сделать?

Мне нужно читать каждый день. Мне нужно прочитать эту книгу.

3) **кому?**

нужен/нужна/нужно/нужны что?

Мне нужен словарь/нужна книга/нужно пальто/нужны брюки.

4) **кому?**

…год, года, лет

Мне 20 лет.

5) **кому?**

부사

Мне холодно.

Нам интересно изучать русский язык.

6) **кому?**

мал, мала, мало, малы
велик, велика, велико, велики + 주격
идёт

- Тебе мала эта юбка.
- Брату велико это пальто.
- Тебе идёт этот костюм. Маме идёт синий цвет.

03 대격(винительный падеж)

1 кого? что?

глагол	вопрос	пример
брать – взять	что? (где?)	Маша взяла книгу в библиотеке. В столовой мы взяли рис и курицу. Мне нравится эта юбка, я возьму её.
варить – сварить	что?	Мама сварила рис/картофель/яйцо.
видеть – увидеть	кого? что?	Мы видим Антона, Нину, детей. Я вижу дом, машину, озеро.
воспитывать – воспитать	кого?	Родители хорошо воспитали своего сына.
встречать – встретить	кого?	Мы встретили друга и подругу.
гладить – погладить	что?	Мама гладит брюки.
готовить – приготовить	что?	Мама приготовила суп и рыбу.
давать – дать	что? (кому?)	Преподаватель дал словарь Ивану.
дарить – подарить	что? (кому?)	Дети подарили цветы маме.
делать – сделать	что?	Дети сделали домашнее задание.
доделывать – доделать	что?	Через 5 минут дети доделают домашнее задание и пойдут в парк.
жарить – пожарить	что?	Мама пожарила рыбу/мясо/яйцо.
ждать – подождать	кого?	Мы ждём Анну 20 минут.
забывать – забыть	кого? что? что сделать?	Я не забыл первую учительницу. Нина забыла дома словарь. Он забыл все новые слова. Вера забыла купить сок.
закрывать – закрыть	что?	Он закрыл дверь, окно (книгу, сумку)

зарабатывать – заработать	что?	Обычно я зарабатываю (= получаю)1500 долларов в месяц. Но в прошлом месяце у меня было много работы, поэтому я заработал (= получил) 2000 долларов.
знать	кого? что?	Я знаю студентов, которые учатся на нашем факультете. Я знаю английский язык.
играть – сыграть	во что?	Мы играем в футбол.
искать	что? кого?	Бабушки часто ищет свои очки. Вчера в магазине мама 20 минут искала сына.
изучать – изучить	что?	Студенты изучают русский язык.
кончать – кончить заканчивать – закончить оканчивать – окончить	что? что делать?	Профессор кончил лекцию в 2 часа. Профессор закончил лекцию в 2 часа. Брат окончил школу в 2009 году. Дети кончили (закончили) играть в футбол.
любить	кого? что? что делать?	Мы любим маму и папу. Дети любят бананы. Я люблю рисовать.
мыть – вымыть, помыть	кого? что?	Сейчас мама моет маленького сына. Нина моет посуду (пол; руки, голову). Она уже вымыла/помыла посуду.
надевать – надеть	что?	Сегодня Оля надела тёплое пальто.
находить – найти	что? кого?	Бабушка долго искала свои очки и, наконец, нашла их. Вчера в магазине мама 20 минут искала сына и нашла его в отделе «Игрушки».
начинать – начать	что? что делать?	Учитель начинает урок в 9 часов. Брат начал делать домашнее задание.
ненавидеть	кого? что? что делать?	Отец ненавидит нечестных людей. Брат ненавидит молоко. Сестра ненавидит мыть посуду.
открывать – открыть	что?	Он открыл дверь, окно (книгу, сумку).
осматривать – осмотреть	кого? что?	Врач осмотрел дедушку. Туристы осмотрели музей.
переводить – перевести	что?	Студент перевёл текст.
передавать – передать	что? кому?	Передай привет Нине. Передай эту книгу Максиму.
переделывать – переделать	что?	Он плохо сделать домашнее задание, надо переделать его.

печь – испечь	что?	Сейчас бабушка печёт блины/торт.
писать – написать	что? (чем?)	Брат написал письмо. Я пишу ручкой.
пить – выпить	что?	Дети пьют молоко.
поздравлять – поздравить	кого? (с чем?)	Я поздравил Таню с Новым годом.
показывать – показать	что? (кому?)	Учитель показал картину детям.
покупать – купить	что? (кому?) (для кого?)	Бабушка купила овощи. Мама купила брюки сыну. Мама купила брюки для сына.
получать – получить	что? (от кого?) (откуда?)	Сегодня брат получил письмо. Студент получил A+. Я получил фотографию от друга. Я получил письмо из Москвы.
помнить	кого? что?	Я помню первую учительницу. Я помню русскую грамматику.
понимать – понять	кого? что?	Студенты понимают преподавателя. Студенты понимают грамматику.
посылать – послать	что? кому? куда?	Я послал фотографию бабушке. Я послал документы в Московский университет.
приглашать – пригласить	кого? куда?	Я пригласил Нину в ресторан.
проводить – провести	что?	Я хорошо провёл каникулы/субботу и воскресенье/лето.
продавать – продать	что?	Этот человек продаёт машину. В этом магазине продают книги.
продолжать – продолжить	что? что делать?	Он пообедал и продолжил работу. Мы отдохнули и продолжили работать.
просить – попросить	кого? что делать/ сделать?	Папа попросил меня позвонить сегодня вечером бабушке. Папа попросил меня звонить бабушке каждый вечер.
раздавать – раздать	что?	Я раздал все русские сувениры своим корейским друзьям.
решать – решить	что? что делать? что сделать?	Я решил проблему. Я решил завтра весь день отдыхать. Брат решил поступить в университет.
резать – порезать отрезать – отрезать	что? чем? что? чем?	Я режу хлеб ножом/порезал хлеб ножом Он режет бумагу ножницами/порезал бумагу ножницами. Я отрезал кусок хлеба (ножом).

рисовать – нарисовать	кого? что? (чем?)	Дети нарисовали море, папу, маму. Он рисует море синим карандашом.
сдавать – сдать	что?	Студенты хорошо сдали экзамен. Дети написали упражнение и сдали тетради учительнице.
слушать – послушать	что? кого?	Я слушаю музыку. Дети слушают учительницу.
слышать – услышать	что? кого?	Мы услышали хорошую новость. Дети услышали голос мамы.
смотреть – посмотреть	что? на кого? на что? куда?	Мы посмотрели интересный фильм. Дети смотрят на учительницу и слушают её. Папа посмотрел на часы. Я смотрю в окно/в зеркало.
собирать – собрать	что?	В лесу мы собираем цветы. Брат собирает марки.
спрашивать – спросить	кого? у кого? о ком? о чём?	Мы спросили преподавателя (у преподавателя) о Пушкине/об экзамене.
стирать – постирать	что?	Мама стирает одежду.
строить – построить	что?	Папа построил новый дом.
убирать – убрать	что?	Я часто убираю комнату.
учить – выучить	что?	Дети выучили стихи/новые слова.
фотографировать – сфотографировать	кого? что?	Я сфотографировал маму. Я сфотографировал красивое озеро.
чистить – почистить	что? чем?	Утром я чищу зубы. Мама чистит овощи ножом.
читать – прочитать	что?	Я прочитала книгу.

2 куда?

глагол	вопрос куда?	пример
везти – повезти	что? куда? кому? на чём?	Папа везёт сына в школу на машине. Мы везём подарок бабушке.
идти – пойти, ходить	куда? к кому?	Дети идут в школу. Вчера мы ходили в театр. Брат идёт/ходил к врачу.
ехать – поехать, ездить	куда? к кому?	Сейчас мы едем в Сеул. Летом мы ездили в Америку. Летом мы ездили к бабушке.
нести – понести	что? куда? кому?	Студент несёт книгу в библиотеку. Он несёт книгу другу.
опаздывать – опоздать	куда?	Студент опоздал на лекцию.
привозить – привезти	что? куда? кому? на чём?	Папа привёз сына в школу на машине. Мы привезли бабушке подарок.
приносить – принести	что? куда? кому?	Студент принёс словарь на урок. Он принёс словарь преподавателю.
приходить – прийти	куда? к кому?	Он пришёл в больницу/к врачу.
приезжать – приехать	куда? к кому?	Он приехал в Сеул к бабушке.
переезжать – переехать	куда?	Наша семья переехала в новый дом.
пересаживаться – пересесть	куда?	Вам надо пересесть на автобус № 5.
поступать – поступить	куда?	Брат поступил в университет.
спешить – поспешить	куда?	Дети спешат в школу.

3 кого? что? куда?

вешать – повесить	что? куда?	Мы повесили картину на стену.
класть – положить	кого? что? куда?	Мама положила ребёнка на диван. Я положил книгу на стол.
ставить – поставить	кого? что? куда?	Я поставил собаку на пол. Мама поставила сок на стол.

❹ 대격 지배 전치사

1) ЧЕРЕЗ, НАЗАД

- Я поеду в Москву через год.
- Папа был в Москве год назад.

переходить – перейти (ЧЕРЕЗ)

- Дети перешли через дорогу. = Дети перешли дорогу.

2) ЗА

выходить – выйти замуж ЗА

- Вера вышла замуж за Антона.

благодарить – поблагодарить кого? за что?

- Мы поблагодарили профессора за помощь.

извиняться – извиниться перед кем? за что?

- Студент извинился перед профессором за опоздание.

платить – заплатить за что?

- Вам надо заплатить за обучение и (за) общежитие.

3)

класть положить ставить – поставить вешать – повесить	+	ЗА, ПОД

- Мальчик поставил портфель за стол.
- Он положил мяч под стул.

04 조격(Творительный падеж)

❶ чем?

глагол	вопрос	пример
есть	чем? что? чем?	Корейцы едят палочками. Он ест суп ложкой.
мыть – вымыть	что? чем?	Я мою голову шампунем. Дети моют руки мылом.
писать – написать	что? чем?	Он написал письмо чёрной ручкой.
резать – порезать отрезать – отрезать	что? чем? что? чем?	Я режу хлеб ножом/порезал хлеб ножом Он режет бумагу ножницами/порезал бумагу ножницами. Я отрезал кусок хлеба (ножом).
рисовать – нарисовать	что? чем?	Он рисует море синим карандашом.
чистить – почистить	что? чем?	Я чищу рыбу ножом. Мы чистим яблоки ножом. Дети чистят зубы зубной щеткой и зубной пастой. Мама чистит пальто щёткой. Ты чистишь ковёр пылесосом.

❷ (кем?) чем?

глагол	вопрос	пример
болеть – заболеть	чем?	Он болеет/заболел гриппом. (Он болеет/заболел головой* – У него болит голова.) Он болеет/заболел кашлем* – У него кашель.)
заниматься	чем?	Я занимаюсь спортом/музыкой.
увлекаться	чем?	Он увлекается спортом/музыкой.
интересоваться	чем? кем?	Он интересуется политикой (정치). Он интересуется красивыми девушками.
гордиться	кем? чем?	Отец гордится сыном. Он гордится своими успехами.

3 кем? каким/какой/какими?

глагол	вопрос	пример
быть	кем?	Антон – врач. (주격) Раньше дедушка был врачом. Антон скоро будет врачом. Антон хочет быть врачом. Анна красивая. Сегодня она весёлая. (주격)
	каким/ какой/ какими?	В молодости дедушка был красивым. Вчера Анна была весёлой. Завтра дети будут весёлыми, потому что они получат подарки. Он хочет быть богатым.
становиться – стать (되다)	кем?	Антон стал врачом. Антон скоро станет врачом. Антон хочет стать врачом.
	каким/ какой/ какими?	Анна стала весёлой. Дети скоро станут большими. Он хочет стать богатым.
работать	кем?	Отец работает инженером. (= Отец – инженер)

4 с кем? с чем?

глагол	вопрос	пример
встречаться – встретиться	с кем?	Я встретился с другом.
договариваться – договориться	с кем? что делать? что сделать?	Я договорился с Ниной пойти в кино. / Мы с Ниной договорились пойти в кино. Мы с Ниной договорились всю субботу заниматься в библиотеке.
дружить	с кем?	Я дружу с Верой. Мы с Верой дружим.
здороваться – поздороваться	с кем?	Дети поздоровались с учителем.
знакомиться – познакомиться	с кем? с чем?	Я познакомился с новым студентом. Мы познакомились с Эрмитажем.
мириться – помириться	с кем?	Сначала дети поссорились, но потом помирились друг с другом.
общаться – пообщаться	с кем?	Я люблю общаться с друзьями. Я общаюсь в Интернете (по Интернету) с разными людьми.

переписываться	с кем?	Я 2 года переписываюсь с русской девушкой Таней.
поздравлять – поздравить	кого? с чем?	Я поздравил друга с Рождеством.
разговаривать	с кем? о ком? о чём?	Я разговариваю с отцом о проблемах. Я разговариваю с отцом о брате.
советоваться – посоветоваться	с кем?	Сын всегда советуется с отцом. Он не знал, в каком русском городе лучше учиться, поэтому посоветовался с профессором.
ссориться – поссориться	с кем?	Я поссорилась с подругой. / Мы с подругой поссорились.
играть – сыграть вничью выигрывать – выиграть у кого? проигрывать – проиграть кому?	с кем?	Отец сыграл с сыном в шахматы вничью.

5 조격 지배 전치사

1) предлог С

- Я пью кофе с сахаром. Он ел рис с мясом.
- Я играю в футбол с друзьями.

2) предлоги ЗА, ПЕРЕД, НАД, ПОД, МЕЖДУ, РЯДОМ С, …

быть находиться лежать стоять висеть сидеть	ЗА, ПЕРЕД, НАД, ПОД, МЕЖДУ, РЯДОМ С, …

- Библиотека находится за школой. Стол стоит перед диваном. Картина висит над диваном. Мяч лежит под столом. Шкаф стоит между столом и диваном. Стол стоит рядом с окном.

класть – положить ставить – поставить вешать – повесить	ПЕРЕД, НАД, МЕЖДУ, РЯДОМ С, …

- Отец поставил стол перед окном. Брат повесил календарь над столом. Мы поставили стол между диваном и шкафом. Брат положил книгу рядом с тетрадью.

05 전치격(предложный падеж)

❶ ГДЕ?

глагол	вопрос	пример
быть	где? (у кого?)	Вчера мы были в театре. Летом мы были в Пусане у брата.
висеть	где?	Картина висит на стене.
гулять – погулять	где?	Дети гуляют в парке.
жить	где?	Он живёт в России, в Москве.
завтракать – позавтракать	где?	Обычно я завтракаю в общежитии.
заниматься – позаниматься	где?	Он занимается в библиотеке.
лежать	где?	Книга лежит на столе.
находиться	где?	Кафе находится на втором этаже.
обедать – пообедать	где?	Студенты обедают в кафе.
отдыхать – отдохнуть	где?	Летом мы отдыхали на юге.
подрабатывать – подработать	где?	Днём я учусь в университет, а вечером подрабатываю в кафе.
работать – поработать	где?	Отец работает в банке.
рождаться – родиться	где?	Мама родилась в Пусане.
сидеть	где?	Дети сидят на диване.
стоять	где?	Сок стоит в холодильнике.
ужинать – поужинать	где?	Семья ужинает в ресторане.
учиться	где?	Брат учится в школе.

2 О КОМ? О ЧЁМ?

глагол	вопрос	пример
думать – подумать	о ком? о чём?	Она думает о сестре. Она думает об уроке.
говорить – сказать	о ком? о чём? (кому?)	Мама говорит мне о папе. Профессор говорит студентам об экзамене.
мечтать – помечтать	о чём? что делать? что сделать?	Я мечтаю о поездке в Европу. Я мечтаю поехать в Европу. Я мечтаю всю жизнь помогать людям.
рассказывать – рассказать	о ком? о чём? (кому?)	Преподаватель рассказывает студентам о русском поэте. Брат рассказывает нам о своём путешествии.
спрашивать – спросить	о ком? о чём? (кого?/ у кого?)	Профессор спрашивает студента (у студента) о писателе/о романе.

3 НА ЧЁМ?

глагол	вопрос	пример
ехать – поехать, ездить	на чём?	Мы едем на автобусе.
играть – сыграть, поиграть	на чём?	Брат играет на гитаре.

4 НА КОМ?

глагол	вопрос	пример
жениться	на ком?	Антон женился на Вере.

별표 3 '다시 말하기(ПЕРЕСКАЗ)'용 텍스트

ТЕКСТ 1 **주어진 텍스트를 읽고 그 내용을 간략하게 전하고, 질문에 답해 보세요.**

ПОЛЕВЫЕ ЦВЕТЫ

Известный российский писатель Юрий Рытхэу родился и вырос на Крайнем Севере, на Чукотке. Климат на Чукотке очень суровый: холодная, длинная зима и короткое, прохладное лето.

С детства мечтал стать писателем. Когда ему было 18 лет, он приехал в в Петербург и поступил в литературный институт. В Петербурге первый раз в жизни он увидел высокие деревья, много зелёной травы и цветы, которые ему особенно понравились, ведь на Чукотке из-за холодного климата цветы не растут.

В институте Юрий познакомился с однокурсницей, симпатичной девушкой Наташей и влюбился в неё. Наташа родилась и выросла в Петербурге, она знакомила Юрия с городом, рассказывала о его истории, они много гуляли по петербургским улицам, ходили в музеи и театры.

Однажды Наташа пригласила его на день рождения. Юрий решил, что обязательно подарить ей огромный букет прекрасных полевых цветов - он знал, что Наташа больше всего любит полевые цветы.

Юрий поехал за город и увидел большое поле, на котором росли небольшие белые цветы. Эти цветы ему сразу понравились, он собрал большой букет и довольный поехал к Наташе.

Когда Юрий подарил букет Наташе, она засмеялась. А мама Наташи смотрела на Юрия и на цветы с большим удивлением. Но Юрий не видел этого, он смотрел только на Наташу – она была очень красивой.

Вечер прошёл быстро. Когда Юрий уходил, Наташа сказала ему:

- В следующий раз мы будем собирать полевые цветы только вместе.
- Почему?, - удивился Юрий.
- Потому что сегодня ты мне подарил цветы картофеля, - ответила Наташа.

Юрий понял свою ошибку: он собирал цветы на картофельном поле. Молодой человек очень расстроился, но Наташа весело сказала:

- Не расстраивайся! Теперь я буду рассказывать тебе не только о Петербурге, но и цветах. А букет, который ты мне подарил, действительно, очень красивый.

С тех пор прошло много лет, но Юрий и Наташа, которая стала его женой, часто вспоминают эту историю.

질문

1. Юрий решил подарить Наташе полевые цветы. А какие подарки обычно вы дарите друзьям и родственникам?

2. Кому и когда вы обычно дарите цветы? Любите ли вы дарить цветы? Почему?

ТЕКСТ 2 텍스트를 읽고 이 이야기의 끝부분을 생각하여 써 보세요.

ОН и ОНА

Был тёплый летний день. Они разговаривали и рисовали на песке.

- Что ты рисуешь, - спросил Он.

- Я рисую тебя, - ответила Она. – А ты?

- А я – тебя.

Он помолчал и сказал:

- Ты очень красивая.

Она радостно улыбнулась и спросила:

- А ты придёшь сюда завтра?

- Обязательно приду, - ответил он.

Но он не пришёл сюда завтра, не пришёл послезавтра, не пришёл через 2 дня, через неделю, через месяц··· Каждый день она ждала его. Она всё время думала и не могла понять: почему он не пришёл? Она не знала, что ···

ТЕКСТ 3 텍스트를 읽고 이 이야기의 끝을 생각하여 써 보세요.

ССОРА

Иван и Нина поссорились и не разговаривали друг с другом. Каждое утро Иван вставал в 8 часов, они с Ниной молча завтракали, и он уходил на работу. Вечером Иван возвращался с работы, они молча ужинали, потом он смотрел телевизор или читал газеты. А Нина занималась домашними делами или разговаривала по телефону с подругами. Так продолжалось несколько дней. Иван ждал, что жена извиниться перед ним, а Нина ждала, что муж скажет ей, что был неправ. Но никто не хотел извиняться, никто не хотел начинать разговор.

В среду директор фирмы сказал, что Ивану срочно надо поехать в командировку в Тулу. Тула – небольшой город, который находится недалеко от Москвы, до этого города надо ехать на поезде 5 часов. Секретарь дал Ивану билет на поезд, который отправлялся в четверг утром.

В среду вечером Иван приготовился к поездке, он положил в чемодан необходимые вещи и документы. Иван решил лечь спать раньше, чем обычно, потому что на следующий день ему придётся встать в 6 часов. Обычно Иван вставал в 8 часов, а Нина – в 6 часов. Он хотел, чтобы жена разбудила (깨우다) его, но не хотел разговаривать с ней, поэтому решил написать ей записку. Он взял бумагу и ручку, написал: «Прошу разбудить меня в 6 часов», положил записку на стол и лёг спать.

연습문제 정답

제1과

연습문제 1

1. Ты что-нибудь ел сегодня? / Ты что-нибудь купила на рынке? / Ты что-нибудь будешь пить?
2. Купи, пожалуйста, какие-нибудь фрукты (овощи, конфеты…)
3. У кого-нибудь есть лишняя ручка (вопросы, свободное время…)?
4. Вы когда-нибудь были в Москве?/ Вы когда нибудь ездили в Европу? / Вы когда-нибудь ели пельмени? / Вы когда-нибудь изучали китайский язык?
5. Поставь куда-нибудь эту вазу с цветами.
6. Принеси, пожалуйста, какой-нибудь сок (журнал, стул…).
7. Вы кого-нибудь встретил вчера в парке? / Вы кого-нибудь пригласили на фестиваль? / Вы кого-нибудь поздравили с праздником? / Вы кого-нибудь попросили помочь вам?

연습문제 2

1. - Где ты был в субботу и в воскресенье?
   - Я нигде не был, все выходные провёл дома.
   - А почему ты нигде не был? / А почему ты никуда не ходил?
   - Я два дня готовился к экзаменам. / Я заболел, поэтому два дня был только дома и пил лекарство.
2. - Какие стихи тебе нравятся больше всего?
   - Мне никакие стихи не нравятся.
   - А почему тебе никакие стихи не нравятся?
   - Потому что мне не нравится литература, больше всего я люблю спорт. / Потому что мне проза нравится больше, чем стихи.
3. - Я слышал, что ты был в Пусане на кинофестивале. Какой фильм тебе понравился больше всего?
   - Мне никакой фильм не понравился.
   - Почему тебе никакой фильм не понравился?
   - Потому что все фильмы были скучными. / Потому что я больше всего люблю исторические фильмы, а на фестивале не было таких фильмов.
4. - Что ты приготовила на ужин?
   - Я ничего не приготовила.
   - А почему ты ничего не приготовила?
   - Потому что у меня не было времени. / Потому что друзья пригласили нас сегодня вечером в ресторан, мы поужинаем в ресторане.
5. - У Светы завтра день рождения. Что ты подаришь ей?
   - Я ничего не подарю ей.
   - Почему ты ничего не подаришь Свете?
   - Потому что три дня назад мы со Светой поссорились, и она не пригласила меня на свой день рождения.
6. - На ком хочет жениться Виктор?
   - Он ни на ком не хочет жениться.
   - Почему он ни на ком не хочет жениться?
   - Потому что он никому не верит. / Потому что он хочет сначала окончить аспирантуру, потом найти работу и только потом жениться.

연습문제 3

1. - Привет, Маша, как ты провела каникулы?
   - Хорошо, я ездила в Токио.
   - Ну и как? Понравилось?
   - Да, всё понравилось, а больше всего (понравился) храм Сенсодзи. А ты ездил куда-нибудь?
   - Да, я был в Германии, в Мюнхене. / Я ездил в Германию, в Мюнхен.
   - Тебе понравился Мюнхен?
   - Да, очень понравился. А больше всего (понравился) Баварский музей.
2. - Привет, Сергей, как ты провёл каникулы?
   - Отлично, я ездил в Испанию, в Барселону.
   - Ну и как? Понравилось?
   - Да, всё понравилось, а больше всего (понравился) собор Гауди. А ты ездил куда-нибудь?
   - Да, я ездил в Италию, в Венецию. / Я был в Италии, в Венеции.
   - Тебе понравилась Венеция?
   - Да, очень понравилась. А больше всего (понравился) дворец Дожей

연습문제 4

Олег спросил Вадима, как он провёл каникулы. Вадим ответил, что отлично.

Олег спросил, где он отдыхал.
Вадим ответил, что он ездил в Китай.
Олег спросил, понравился ли Вадиму Китай.
Вадим ответил, что очень понравился.
Олег спросил, что ему понравилось больше всего.
Вадим ответил, что больше всего ему понравилась Китайская стена.
Олег спросил, есть ли у Вадима фотографии.
Вадим ответил, что есть, завтра (он) принесёт. И спросил Олега, где он отдыхал.
Олег ответил, что он никуда не ездил, всё лето провёл дома.

연습문제 5

1. Мила сказала Наде, что завтра в 6 часов в студенческом клубе будет встреча с молодым поэтом, и спросила, пойдёт ли Надя.
2. Жена спросила мужа, почему он никогда не отдыхает, и сказала, что он должен всегда думать о своём здоровье.
3. Гид сказал туристам, что вчера они осмотрели главные достопримечательности Москвы, и спросил, что им понравилось больше всего.
4. Софья сказала Маше, что она забыла дома телефон, а ей надо срочно позвонить, и попросила у Маши телефон на минуту/и попросила Машу дать ей телефон на минуту. / и попросила, чтобы Маша дала ей телефон на минуту.
5. Валя предложила Олегу сыграть в шахматы. Вадим сказал, что он не умеет играть в шахматы.
6. Виктор спросил Антона, есть ли у него время. И попросил Антона помочь ему написать текст по-английски. Антон ответил, что сейчас он свободен и сказал, что с удовольствием поможет.
7. Марина спросила Виктора, не знает ли он, как добраться до консерватории. Виктор сказал Марине, чтобы она поехала сначала на автобусе № 34 до остановки «Детский парк», потом ей надо пересесть на метро.
8. Соня предложила Диме сказать об этой проблеме папе, потому что он обязательно даст хороший совет. Дима предложил не говорить об этом папе.

연습문제 6

1. Спасибо за комплимент! Мы с сестрой были в Испании. Там мы две недели отдыхали на море. А как ты провёл лето?
2. Да, я ездила в Испанию со старшей сестрой. Мы были в Мадриде неделю и в Барселоне пять дней. Мы хорошо провели время. А ты когда-нибудь была в Испании?
3. Да, я впервые была в Японии, мне очень понравилась эта страна. А ты когда-нибудь ездила в Японию?
4. Да, мне очень понравился Париж. Больше всего мне понравился Лувр. Я слышала, что ты в прошлом году тоже ездил в Париж, что тебе понравилось больше всего?
5. Да, моя семья летом отдыхала на море, а я не смог поехать вместе с ними, потому что всё лето я готовился к экзамену по английскому языку. / Наша фирма всё лето работала над новым проектом.

제 2 과

연습문제 1

1. Сергей попрощался с Наташей.
2. Сергей и Наташа попрощались
3. Маша извинилась перед Соней за опоздание.

연습문제 2

Маша и профессор поздоровались.
Маша извинилась перед профессором за то, что завтра она не сможет прийти на его лекцию.
Профессор спросил, что случилось?
Маша ответила, что её отец приедет из Америки, и ей надо встретить его в аэропорту.
Профессор сказал, что всё понимает, и Маше надо будет выучить диалог на странице 45.
Маша поблагодарила профессора, ещё раз извинилась перед ним, и они попрощались.

연습문제 3

1. Мама, извини, пожалуйста, за что я не смогла помочь тебе приготовить ужин. Я встретила Машу, с которой я не виделась два месяца. Маша вернулась из Италии, там она

путешествовала и изучала итальянский язык. Мы с Машей пошли в кафе, там мы пили кофе, и Маша долго рассказывала о своей поездке в Италию, поэтому я вернулась домой поздно. Мама, извини ещё раз. Завтра вечером я обязательно помогу тебе приготовить ужин.

2 Нина, утром я получила твою смску, извини, пожалуйста, за то, что я сразу не ответила тебе. В это время я была в кабинете врача. Потом я сразу побежала на лекцию и, честно говоря, забыла о твоей смске. Поэтому ответила только вечером. Извини ещё раз.

3 Олег, извини, пожалуйста, за то, что я вчера не позвонила и не поздравила тебя с Рождеством. Вчера к нам из деревни приехали бабушка и дедушка, в нашем доме собрались все родственники, поэтому я весь день была занята. Но я хочу сегодня поздравить тебя и пожелать тебе здоровья, счастья, успехов.

연습문제 4

1 Юра, большое спасибо тебе за поздравление и за прекрасные пожелания!

2 Саша, огромное спасибо тебе за то, что ты внимательно выслушал меня и дал хорошие советы! Я думаю, что твои советы очень помогут мне.

3 Большое спасибо вам за информацию и за подробные ответы на все мои вопросы!

연습문제 5

Вася и Петя поздоровались.
Вася сказал, что у него есть билеты на матч «Волга» - «Рубин» и предложил Пете пойти вместе.
Петя спросил, когда и где будет матч.
Вася ответил, что в субботу в 6 часов и спросил, будет ли у Пети время.
Петя сказал/ответил, что в субботу он будет свободен и спросил Васю, как он думает, кто выиграет.
Вася сказал, что, наверное, выиграет «Рубин», потому что в мае «Рубин» уже выиграл у «Волги» (со счётом) 2:4
Петя сказал, что в июле они сыграли вничью (со счётом) 1:1, в последнее время «Волга» тоже играет очень хорошо.
Вася сказал, что предлагает пари. Если «Рубин» проиграет «Волге», он угощает Петю пивом. / Петя предложил пари. Если «Рубин» проиграет «Волге», он угощает Петю пивом.
Петя сказал, что если «Рубин» выиграет, он угощает.
Вася сказал, чтобы Петя готовил пиво. Он уверен, что «Рубин» победит.
И они попрощались.

연습문제 6

1 Я поздоровалась с преподавателем русской литературы.

2 Брат поссорился со своей подругой, поэтому у него плохое настроение.

3 Мне надо подготовиться к экзамену по английскому языку.

4 Сестра поблагодарила сотрудника банка за помощь.

5 Ты должен извиниться перед Антоном за то, что взял у него словарь и потерял его. / Ты должен извиниться перед родителями за то, что вчера вернулся домой поздно. Родители очень волновались за тебя.

6 Вчера наша команда проиграла команде испанского факультета (со счётом) 43: 52

7 Ура! Мы выиграли у Германии 2:1!

8 Мне нужен твой совет/новый свитер..

9 Нам нужно тёплое пальто. / Дочери нужно больше заниматься математикой.

10 Тебе идёт зелёный цвет/эта блузка.

11 Мальчик идёт на стадион со своими друзьями.

12 Я уверен, что брат хорошо сдаст все экзамены.

13 Я не знаю, с кем дружит Лариса.

14 Мама забыла, куда положила свои очки/кошелёк.

15 Саша спросил Нину, умеет ли она плавать/водить машину.

연습문제 7

1 Да, я ходил на стадион «Спартак» на футбол (на футбольный матч). /
Я смотрел матч «Спартак» - «Динамо». /
«Спартак» выиграл у «Динамо» /
Со счётом 4:2

2 Я купил билет на балет «Золушка».

3 Да, я думаю, что лучше поехать учиться в Санкт-Петербург. /
В Москве и в Петербурге много хороших университетов, много разных достопримечательностей, но, мне кажется, что Петербург красивее, чем Москва.

제3과

연습문제 1

1 а) Автор полюбил Белку за её верность. Мне тоже понравилась верность Белки. Она очень скучала по своему хозяину, поэтому в доме автора ничего не стала есть и пить. Я думаю, если бы автор не вернул Белку хозяину, она бы умерла, но не начала есть.
б) Мне не понравилась Белка. Хорошая собака всегда слушается своего хозяина. Хозяин отправил её в другой дом, и она должна была спокойно жить в этом доме, но Белка не захотела.

2 а) Я согласен/согласна, что нельзя купить друга. Настоящий друг – это близкий человек, как родственник. Мы не можем купить родителей, братьев, сестёр, также не можем купить друзей.
б) Я не согласен/не согласна, что нельзя купить друга. Если у человека много денег, он может купить всё и дружбу тоже. Многие люди хотят дружить с богатыми.

제4과

연습문제 1

1 А я мечтаю стать преподавателем русского языка.

2 Мне хочется поехать в Англию.

3 Я хотела бы поехать на море с друзьями, но если будет плохая погода мы пойдём в бассейн.

4 Да, есть. Я хочу провести все каникулы у бабушки в деревне, которая находится недалеко от Пусана.

5 После окончания университета я хотел бы поступить в Санкт-Петербургский университет на химический факультет.

6 Он поступил на экономический факультет, потому что хочет стать экономистом и работать в банке.

7 Маша хочет поехать с подругами на остров Чеджу в субботу, но мама не разрешает, потому что во вторник у Маши будет экзамен по математике, и мама говорит, что Маша должна заниматься математикой, а не отдыхать.

8 Я иду на рынок, потому что хочу купить свежие овощи и фрукты.

9 Да, через 3 дня у меня будет день рождения. Я попросила подруг подарить мне косметику.

연습문제 2

1 Преподаватель хочет, чтобы студенты всегда делали домашнее задание.

2 Мне хочется, чтобы завтра была хорошая погода/чтобы в субботу к нам приехали бабушка и дедушка из деревни.

3 Родители не хотят, чтобы дети долго играли в компьютерные игры.

4 Наверное, ты хочешь, чтобы мама сегодня на ужин приготовила пельмени.

5 Мне очень хотелось бы, чтобы папа вернулся из Америки как можно быстрее.

6 Отец мечтает, чтобы сын успешно окончил университет и нашёл хорошую работу.

7 Завтра у меня день рождения, я хочу пригласить всех друзей в кафе «Мечта».

8 Завтра у меня день рождения, я хочу, чтобы родители подарили мне новый смартфон.

9 Софья хочет изучать испанский язык.

10 Софья не хочет, чтобы старшая сестра ругала её.

11 Виктор хотел бы познакомиться с этой симпатичной девушкой, которая ему давно нравится.

12 Мы мечтаем путешествовать по всему миру.

13 Нам не хочется вставать каждое утро в 6 часов.

14. Нам хочется, чтобы папа меньше работал и проводил с нами выходные дни.

연습문제 3

1. Да, я хотел бы поехать в Америку на летних каникулах. /
Там я собираюсь 2 месяца изучать английский язык.
2. Мама ругает меня, потому что я не хочу делать домашнее задание/не хочу убирать свою комнату
3. Я уже подарила сестре матрёшку на Новый год. А на день рождения мне хотелось бы подарить ей новую сумку, потому что сестра два дня назад потеряла свою сумку.
4. Да, у Милы плохое настроение, потому что она хочет поехать учиться в Москву, но родители не разрешают. / Да, у Милы плохое настроение, потому что сегодня она плохо написала тест по английскому языку.
5. Да, я подарю ему немецко-русский словарь. / Я думаю, что понравится, потому что он недавно сказал, что хочет изучать немецкий язык.

연습문제 4

1. Вчера команда «Сеул» выиграла у команды «Пусан» (со счётом) 4:2 / Вчера команда «Сеул» выиграла у «Пусана» (со счётом) 4:2.
2. Опять наша команда проиграла Китаю.
3. Команды сыграли вничью (со счётом) 2:2.
4. Брат окончил школу и поступил в Московский университет на факультет международных отношений.
5. Сестра ищет работу/свой смартфон/свою сумку…
6. Я не интересуюсь политикой, мне интересно заниматься искусством.
7. Все студенты увлекаются баскетболом/поп-музыкой…
8. Я дружу с Наташей, мы познакомились несколько лет назад в Москве.
9. Отец вернулся из Пусана от родственников .
10. Шкаф стоит между столом и диваном/около кровати/напротив двери…
11. Брат поставил ноутбук на письменный стол. / Брат поставил стол перед диваном…
12. Фотографии лежат в семейном альбоме/на столе/в шкафу…
13. Соня положила кошелёк в сумку. / Соня положила телефон в карман.
14. Одежда висит в шкафу/на вешалке.
15. Папа повесил пальто в шкаф/на вешалку.
16. Студенты уверены, что их команда выиграет сегодня у команды Пусанского университета.
17. Лучше приготовить на ужин салат из овощей. / Лучше в субботу поехать на Восточное море.
18. Зачем ты идёшь в аптеку?
19. Все дети хотят играть и не хотят заниматься.
20. Старший брат не хочет, чтобы я мешала ему писать доклад.

제5과

연습문제 1

1. Мой брат учится на факультете международных отношений. А твой брат?
2. Мой отец окончил факультет менеджмента, а мама - биологический факультет. А твои родители?
3. Мой младший брат скоро окончит школу, он мечтает поступить на физический факультет. А твоя младшая сестра?

연습문제 2

1. Мне надо заплатить за обучение. Какая плата за обучение?
2. Вчера я долго разговаривал со старшим братом. Я долго думал о разговоре со старшим братом.
3. Нам надо решить этот сложный вопрос. Все говорят только о решении этого сложного вопроса.
4. В прошлом году брат окончил школу. После окончания школы он поступил в университет.
5. На нашей улице построили новую школу. Два

года шло строительство новой школы.

6 Мне хотелось бы поехать в Европу. Вчера брат рассказал о поездке в Европу.

7 Сестра весь день убирает свою комнату. Сестре не нравится заниматься уборкой своей комнаты.

연습문제 3

Сон Ми: Сегодня я ходила в деканат филологического факультета и разговаривала с секретарём о поступлении в университет.
Дима: Ты обо всём спросила секретаря? Ничего не забыла?
Сон Ми: (Мне) Кажется, ничего (не забыла). Я спросила, когда начнутся занятия в университете. Секретарь ответил, что первого сентября.
Дима: А ты спросила, какая программа обучения?
Сон Ми: Да, я буду изучать грамматику, разговорную практику, русскую литературу девятнадцатого века, регионоведение и другие спецкурсы.
Дима: А ты не забыла спросить, сколько пар в день и когда начинаются занятия?
Сон Ми: Нет, (не забыла). Секретарь сказал, что обычно три пары в день и занятия начинаются в 9 часов.
Дима: А ты спросила, какая плата за обучение?
Сон Ми: Да, мне надо платить 400 долларов в месяц за обучение и 200 долларов в месяц за общежитие.
Дима: А ты спросила, какие документы нужны для поступления?
Сон Ми: Да, секретарь сказал, что я должна принести сертификат об образовании, две фотографии и заполнить анкету.
Дима: Молодец, ты обо всём спросила.

제 6 과

연습문제 1

1 Студент 1: Какие документы нужны для оформления/для получения паспорта?
Студент 2: Вы должны принести две фотографии и заполнить анкету. / Вам надо принести две фотографии и заполнить анкету. / Нужны две фотографии и анкета.

2 Студент 1: Какие документы нужны для оформления/для получения студенческого билета?
Студент 2: Вы должны принести паспорт, две фотографии и заполнить анкету. / Вам надо принести паспорт, две фотографии и заполнить анкету. / Нужны паспорт, две фотографии и анкета.

3 Студент 1: Какие документы нужны для оформления/для получения банковской книжки?
Студент 2: Вы должны принести паспорт и заполнить анкету. / Вам надо принести паспорт и заполнить анкету. / Нужны паспорт и анкета.

4 Студент 1: Какие документы нужны для оформления/для получения кредитной карточки?
Студент 2: Вы должны принести паспорт, фотографию, банковскую книжку и заполнить анкету. / Вам надо принести паспорт, фотографию, банковскую книжку и заполнить анкету. Нужны паспорт, фотография, банковская книжка и анкета.

연습문제 2

1 Студент 1: Что нужно для оформления паспорта?
Студент 2: Надо/нужно принести две фотографии и заполнить анкету.

2 Студент 1: Что нужно для получения банковской книжки?
Студент 2: Надо/нужно принести паспорт и заполнить анкету.

3 Студент 1: Что нужно для поездки на остров Чеджу?
Студент 2: Надо/нужно взять с собой лёгкую одежду и удобную обувь.

4 Студент 1: Что нужно для приготовления блинов?

Студент 2: Надо/нужно купить яйца, муку и молоко.

5 Студент 1: Что нужно для решения нашей проблемы?
Студент 2: Надо/нужно посоветоваться с профессором/со специалистом.

연습문제 3

1 - Что нужно, чтобы похудеть?
- Чтобы похудеть нужно меньше есть и заниматься спортом.

2 - Что нужно, чтобы поправиться?
- Чтобы поправиться, нужно есть больше калорийных продуктов/больше есть жирных, сладких и мучных блюд.

3 - Что нужно, чтобы хорошо выглядеть?
- Чтобы хорошо выглядеть, нужно заниматься спортом, не курить и не пить/нужно спать не менее шести часов/надо пить больше воды…

4 - Что нужно, чтобы не болеть?
- Чтобы не болеть, нужно заниматься спортом/тепло одеваться/заботиться о своём здоровье.

연습문제 4

1
Секретарь поздоровался с Сон Ми и сказал, что слушает её.
Сон Ми сказала, что у неё есть несколько вопросов и спросила, можно ли задать их сейчас.
Секретарь сказал, что сейчас он может ответить на вопросы Сон Ми.
Сон Ми сказала, что она хотела бы учиться на историческом факультете и спросила, какие документы нужны для поступления.
Секретарь ответил, что ей надо принести сертификат об образовании и две фотографии.
Сон Ми поблагодарила секретаря за информацию, и они попрощались.

2
Сергей спросил Вадима, хорошо ли он знает английский язык.
Вадим ответил, что неплохо, он изучал его в Америке два года.
Сергей попросил Вадима помочь ему заполнить анкету на английском языке. / Сергей попросил, чтобы Вадим помог ему заполнить анкету на английском языке.
Вадим извинился перед Сергеем и сказал, что сейчас он занят, но завтра обязательно поможет ему.
Сергей тогда предложил ему встретиться завтра в 2 часа и спросил, удобно ли Вадиму.
Вадим сказал, что удобно, и они попрощались.

연습문제 5

1 Я купила их сегодня утром на рынке. / На этом рынке недорогие фрукты, я купила два килограмма яблок и заплатила за них 100 рублей.

2 Да, я думаю, что лучше поехать на Сораксан. Две недели назад мы уже были на море, а на Сораксан мы ездили в прошлом году. / Осенью на Сораксане очень красиво, мы сможем погулять по осеннему лесу, хорошо провести время. А на море сейчас холодно.

3 Да, мой друг в прошлом месяце ушёл в армию, конечно, я очень скучаю по нему, но мы часто звоним друг другу.

4 Извини, пожалуйста, но я где-то потеряла твой словарь. Я обязательно куплю тебе новый словарь. В книжном магазине, который находится в нашем университете, его нет. В субботу я поеду в магазин «Дом книги», надеюсь, что там он есть. Извини ещё раз.

5 Обычно я встаю в 8:30, поэтому часто опаздываю на лекции. А почему ты встаёшь так рано? И что ты обычно делаешь утром?

연습문제 6

1 Я не умею плавать/водит машину/танцевать.

2 Саша вернулся из Канады, там он изучал английский язык.

3 Саша вернул Наташе словарь, который взял у неё две недели назад.

4 Лара извинилась перед Андреем за опоздание/за то, что она не пришла к нему на день рождения.

5 Люда попрощалась с подругами и пошла домой.

6 Сергей поблагодарил Юлю за помощь/за то, что она поздравила его с Рождеством и подарила ему красивый галстук.

7 Вадим не интересуется политикой, ему интересно заниматься экономикой.

8 Сергей предложил друзьям сыграть в баскетбол.

9 Я рад, что брат женился на Вере, с которой дружит несколько лет.

10 Я скучаю по своим родителям, потому что мы живём в разных городах и редко видимся.

11 Брат поставил кресло напротив телевизора.

12 Тебе надо положить ковёр около дивана.

13 Почему ты повесил картину над шкафом? Я советую тебе повесить её над столом.

14 Завтра я пожарю рыбу и испеку блины на ужин.

15 Сейчас сестра варит куриный суп, потом она приготовит овощной салат.

제 7 과

연습문제 1

1 а) Да, папу устраивает зарплата, он работает в большой компании и получает высокую зарплату.
   б) Нет, папу не устраивает зарплата, он работает в маленькой фирме и получает невысокую зарплату.

2 а) Да, меня устраивает расписание занятий. Я не люблю вставать рано, и у меня нет первых пар.
   б) Нет, меня не устраивает расписание занятий. Я хотел бы подрабатывать после обеда, но у меня каждый день есть лекции с двух до четырёх часов.

3 а) Да, меня устраивает экскурсионная программа. Я смогу посмотреть много достопримечательностей.
   б) Нет, меня не устраивает экскурсионная программа, потому что я не смогу посмотреть главные достопримечательности города.

4 а) Да, меня устраивает контракт. Я подпишу его.
   б) Нет, меня не устраивает контракт, я хочу изменить условия контракта.

5 а) Да, Марину устраивает муж, он очень добрый, внимательный и всегда помогает ей делать домашние дела.
   б) Нет, Марину не устраивает муж, он всегда поздно возвращается домой и совсем не помогает ей.

연습문제 3

1 переписать

2 подписал

3 Запиши

4 описала

5 выпишите

6 записал

7 опиши

8 писал, дописал

연습문제 4

1 Студент принёс в деканат сертификат об образовании, анкету и две фотографии.

2 Секретарь дал ему контракт и попросил прочитать его.

3 Когда студент прочитал контракт, секретарь спросил, всё ли его устраивает.

4 Студент подписал контракт и спросил, где можно заплатить за обучение и общежитие.

5 Секретарь ответил, что на втором этаже в кабинете 232.

6 Секретарь должен оформить студенческий билет.

7 Для оформления студенческого билета нужны две фотографии.

연습문제 5

1 Да, я ещё не дописал доклад, потому что у меня не было нужной книги. Вчера профессор дал мне её, и я думаю, что смогу закончить доклад в воскресенье.

2 Да, я начал дружить с самой красивой девушкой нашего курса. Её зовут Надя, у неё длинные светлые волосы, большие голубые глаза и очень красивая улыбка.

3 Да, я сделал очень много ошибок, потому что плохо знаю грамматику, мне нужно больше заниматься.

제 8 과

연습문제 1

1 - Можно примерить это пальто/эти брюки/эти кроссовки?
- Да, можно. / Да, пожалуйста.

2 - Извините, Иван Антонович, я забыл дома тетрадь с домашним заданием. Можно завтра дать вам домашнее задание?
- Да, можно. / Да, пожалуйста, принесите домашнее задание завтра.

3 - Извините, Сергей Николаевич, я заболела и хотела бы пойти в поликлинику. Можно сегодня уйти с работы раньше?
- Да, конечно, можно. Желаю вам здоровья!

연습문제 2

1 Да, смогу, в воскресенье я свободен. / Извини, я не смогу, в воскресенье я буду занят.

2 Хороший словарь можно купить в книжном магазине, который находится около библиотеки.

3 Честно говоря, я забыл, что у бабушки вчера был день рождения и вспомнил только сегодня утром, поэтому не смог поздравить её.

4 Моя сестра плохо знает английский язык, поэтому не смогла сделать домашнее задание. Ей надо больше заниматься английским языком, но она не хочет, поэтому я решил не помогать ей.

연습문제 4

1 Вчера мама попросила меня вернуться домой пораньше, но я не смог.
Мы готовились к фестивалю и долго репетировали русские народные танцы.
Мы закончили репетировать в 11 часов, и потом я два часа ехал домой на автобусе и метро.
Я извинился перед мамой и пообещал больше не возвращаться домой поздно.

2 Можно взять твой телефон?
Мне срочно надо позвонить, а я не знаю, где мой телефон.
Может быть, я забыл его дома, а, может быть, потерял
Дай, мне пожалуйста, телефон на две минуты.

제 9 과

연습문제 1

1 В нашей фирме обед с двенадцати до часа.

2 Студенты учились во Владивостоке с сентября по декабрь.

3 Экзамены будут с девятнадцатого по двадцать третье октября.

4 Отец работал в Китае с тысяча девятьсот девяносто девятого по две тысячи третий год.

5 Этот музей работает со вторника по воскресенье.

6 Первая пара идёт с девяти часов до десяти тридцати.

연습문제 2

1 Я читал роман со среды по воскресенье.

2 Мы отдыхали на море с десятого по семнадцатое августа.

3 Обычно наша семья завтракает с восьми до восьми тридцати.

4 Отец учился в университете с тысяча девятьсот восемьсот четвёртого года по тысяча девятьсот восемьдесят восьмой (год).

5 Мы занимались в библиотеке с трёх часов до семи.

6 Наша семья жила в Сеуле с две тысячи третьего по две тысячи девятый год.

7 Я подрабатывала в магазине с двадцать первого сентября по двадцать восьмое октября.

8 Я дружил с Анной с марта по октябрь, но потом мы расстались.

9 Вчера я спал с двенадцати до шести часов.

10 Сегодня я спал до четырёх часов, поэтому весь день хочу спать.

11 Я занимался на курсах английского языка со второго сентября по пятнадцатое декабря.

연습문제 3

Декану факультета русского языка
проф. Ковалёву В.И.
от студентки группы 212
Пак Хи Сук

Заявление.

Прошу Вас предоставить мне каникулы с пятого по пятнадцатое ноября, т.к. я должна ухаживать за больной матерью.

4 ноября 2018 г.

Пак Хи Сук

연습문제 4

1 Я забыла записать телефон Иры. Но у Наташи есть её телефон, давай позвоним ей и попросим телефон Иры.

2 Да, меня не устраивает моя работа, потому что я должен работать с восьми до семи шесть раз в неделю,а зарплата у меня очень небольшая. Сейчас я ищу другую работу.

3 Я опоздал на экзамен, поэтому не успел дописать тест, наверное, я получу низкую оценку. Очень жаль!

4 Саша ухаживает за Мариной. Он сказал, что Марина ему очень нравится. Саша часто приглашает её куда-нибудь, дарит цветы. Наверное, он хочет жениться на ней.

5 Моя сестра хочет ухаживать за бабушкой, но у неё совсем нет времени, днём она учится, а вечером подрабатывает в кафе. Поэтому я ухаживаю за бабушкой.

6 Я хочу взять академический отпуск и поехать в Америку или Канаду изучать английский язык. Я думаю, что без знания английского языка я не смогу найти хорошую работу, поэтому весь год буду заниматься.

7 Я хочу взять каникулы, потому что моя мама заболела, и мне надо ухаживать за ней.

8 Профессор сказал, что я сделала много ошибок в домашнем задании, поэтому мне надо хорошо выучить грамматику.

9 Маша ответила, что в субботу она с друзьями собирается поехать в Пусан на кинофестиваль. Она спросила, не хочу ли я поехать с ними.

연습문제 5

Ситуация 1

Студент: Здравствуйте, Сергей Васильевич!
Декан: Добрый день! Проходите, садитесь. Слушаю вас.
Студент: Я хотел бы взять академический отпуск.
Декан: А что случилось?
Студент: Мой отец серьёзно заболел, и ему нужно длительное лечение.
Поэтому я должен помогать семье.
Декан: Понимаю. Вы хотите взять отпуск до сентября следующего года?
Студент: Да, я планирую вернуться через год.
Декан: Тогда вам надо написать заявление, вот образец.
Студент: Спасибо, я напишу.
Декан: Хорошо. Желаю здоровья вашему отцу!

Ситуация 2

Студент: Здравствуйте, Ольга Ивановна!
Декан: Добрый день! Пожалуйста, проходите, садитесь. Слушаю вас.
Студент: Ольга Ивановна, мне необходимо взять каникулы.
Декан: А что случилось?
Студент: Я хочу поехать в Корею на свадьбу старшей сестры.
Декан: Когда вы поедете и как долго будете в Корее?
Студент: Я поеду послезавтра, а вернусь через 5 дней. То есть мне нужны каникулы с двадцать девятого сентября по третье октября.
Декан: Хорошо. Тогда вам надо написать заявление, вот, пожалуйста образец.
Студент: Большое спасибо!

연습문제 6

1 Сегодня утром Мэри ходила в деканат.
Она хочет поступить на факультет русского языка, поэтому встретилась с секретарём и спросила, что нужно для поступления.
Секретарь ответил на все вопросы Мэри.
Потом Мэри прочитала контракт, подписала его и заплатила за обучение и за общежитие.

2 Я решил взять академический отпуск.
Вчера моя мама позвонила мне из Кореи и сказал, что в нашей семье большие проблемы.
И она попросила меня взять академический отпуск и приехать домой.
Сегодня я пойду в деканат для оформления академического отпуска.

제 10 과

연습문제 1

1 Виза действительная до двадцать четвёртого января.

2 Эта кредитная карточка действительна до марта.

3 В супермаркете мы получили купоны, они действительны месяц/ в течение месяца.

4 Студенческий билет действителен до тридцать первого августа.

5 Наш контракт с компанией «Восток» был действителен до две тысячи семнадцатого года, и мы его не продлили.

연습문제 2

Студент пришёл в международный департамент, потому что ему нужно продлить визу. Его виза действительна до пятнадцатого апреля. Чтобы продлить визу, ему нужно принести в визовый отдел паспорт и четыре фотографии. Визовый отдел работает ежедневно с девяти до шести, обеденный перерыв с часа до двух. Студенту нужно заплатить за оформление визы 50 долларов.

연습문제 3

1 В этой фирме обед (обеденный перерыв) с часа до двух.

2 Брат искал паспорт с понедельника по среду и, к счастью, нашёл. Он случайно положил паспорт в словарь.

3 Мне продлили визу до двадцать девятого августа.

4 Мне оформляли визу пять дней, с пятнадцатого сентября по двадцатое.

5 Моя виза действительно до тридцать первого марта.

6 Я ходил на курсы русского языка с февраля по май.

7 Мой брат служил в армии с две тысячи четырнадцатого по две тысячи шестнадцатый год.

연습문제 4

1 А ты хорошо искала? Может быть, положила куда-нибудь и забыла? Ещё раз посмотри везде.

2 Знаю, визовый отдел находится на третьем этаже в кабинете 308. Он работает ежедневно с девяти до пяти, обеденный перерыв с двенадцати до часа.

연습문제 5

1 Сейчас зима, я хочу чаще кататься на лыжах.

2 Сейчас зима, я хочу, чтобы быстрее пришла весна.

3 Профессор сказал, что мы должны написать доклад до пятницы.

4 Отец сказал, чтобы я всегда помогал младшему брату.

5 Павлу надо написать заявление, потому что он хочет взять академический отпуск.

6 Павлу надо написать заявление, поэтому он пришёл в деканат.

7 Директор не подписал контракт, потому что его не устраивает этот контракт.

8 Я живу в общежитии, поэтому завтракаю, обедаю и ужинаю в студенческой столовой. / поэтому я скучаю по своей семье. / поэтому никогда не опаздываю на лекции.

9 Все студенты подрабатывают, потому что им нужны карманные деньги. / потому что не хотят брать деньги у родителей.

10 Чтобы переписываться с иностранцами, нужно знать иностранные языки.

11 Чтобы красиво танцевать, надо заниматься танцами.

12 Чтобы хорошо играть на пианино/на скрипке/ на музыкальном инструменте, надо учиться в музыкальной школе.

제 11 과

연습문제 1

1. Да, я снял квартиру, я не хочу жить в общежитии, потому что там очень шумно, этот шум мешает мне заниматься и спать.

2. а) Я думаю, что лучше жить в общежитии, во-первых, там ты сможешь познакомиться и подружиться со многими студентами. И ты вместе с ними будешь весело и интересно проводить время, тебе не будет скучно. Во-вторых, тебе не надо будет вставать рано утром и ехать в университет на автобусе и метро, потому что общежитие находится рядом с университетом.
   б) Я думаю, что лучше снимать квартиру. Во-первых, это дешевле, потому что плата за общежитие высокая. Во-вторых, в общежитии тебе надо будет жить вместе с другими студентами, а это неудобно. В-третьих, в общежитии всегда шумно: и днём, и ночью. Ты не сможешь спокойно заниматься и спать.

3. Да, слышала. Поэтому я решила снять квартиру. Это дешевле, чем жить в общежитии.

연습문제 2

1. Лучше поехать не на автобусе, а на метро, потому что в это время на дороге всегда пробка.

2. а) Я советую тебе после окончания университета поступить в магистратуру. Ты способная студентка, профессор хвалит тебя, я думаю, что тебе надо продолжать учиться. И твои родители хотят, чтобы ты поступила в магистратуру.
   б) Я думаю, что тебе надо после окончания университета сразу начать работать. В твоей семье сейчас много проблем, поэтому ты должна работать и помогать семье.

3. Иван Алексеевич, сегодня вы опять опоздали на работу и сказали, что на дороге была большая пробка. Я рекомендую вам ездить на работу не на машине, а на метро и больше никогда не опаздывать.

4. Саша, сегодня идёт снег, поэтому поезжай на работу на метро, а не на машине. Во-первых, сейчас дорога очень скользкая, поэтому много аварий. Во-вторых, по радио сказали, что сейчас на всех дорогах пробки.

5. Чтобы лучше слышать, вам надо самостоятельно заниматься аудированием. Я советую вам слушать новости на английском языке, смотреть английские и американские фильмы. Чтобы лучше говорить по-английски, познакомьтесь с американскими студентами, которые изучают корейский язык в нашем университете и разговаривайте по-английски и по-корейски. Так вы будете помогать друг другу изучать языки.

연습문제 3

1. Я слышала, что ты собираешь поехать в Россию через неделю. Я советую тебя взять с собой корейские сувениры. Ты сможешь подарить их новым русским друзьям.

2. Я слышал, что ты собираешься поехать в Пусан на кинофестиваль. Обязательно возьми с собой русских друзей, которые изучают корейский язык. Во-первых, они никогда не были в Пусане, им будет интересно посмотреть этот город. Во-вторых, им будет интересно посмотреть разные фильмы с переводом на корейский язык.

3. Я слышала, что завтра ты собираешься пойти в национальный парк. Я думаю, что тебе надо взять с собой воду и бутерброды. В магазинах и кафе, которые находятся в национальном парке, всё стоит дороже, чем в обычных городских магазинах.

4. а) Я слышал, что завтра ты собираешься пойти на стадион на матч «Сеул» – «Пусан». Обязательно возьми с собой младшего брата, он любит футбол и болеет за команду «Сеул».
   б) Я слышал, что ты завтра ты собираешься пойти на стадион играть в футбол с друзьями. Советую тебе взять с собой младшего брата. Он весь день сидит дома и играет в компьютерные игры, а ему надо больше двигаться и заниматься спортом.

5. Я слышала, что в субботу ты собираешься поехать на море. Я советую тебе взять с собой крем от загара, тогда ты сможешь отдыхать на море и не загореть.

연습문제 4

1 Я слышала, что ты в субботу собираешься поехать на Сораксан. Я три раза ездила туда, поэтому хочу дать тебе несколько советов. Во-первых, возьми с собой удобную спортивную одежду и горные ботинки. Во-вторых, тебе обязательно нужно взять (с собой) очки от солнца и крем от загара. И ещё я советую тебе заранее купить билет на автобус.

2 Ты сказал, что через два дня пойдёшь в новый аквапарк. Я была там на прошлой неделе, поэтому хочу дать тебе несколько советов. Обязательно возьми с собой шапочку и очки для купания. Не бери с собой еду, потому что в аквапарк нельзя приносить еду и воду. В аквапарке много кафе, там ты сможешь пообедать, купить сок или воду, поэтому возьми с собой больше денег.

3 Я слышал, что ты собираешься поехать в Москву в МГУ. Два года назад я учился там, поэтому хочу дать тебе несколько советов. Во-первых, тебе надо взять с собой тёплую одежду, потому что в Москве гораздо холоднее, чем в Сеуле. Во-вторых, я советую тебе жить в общежитии вместе с русскими студентами. Там ты сможешь больше разговаривать по-русски. В свободное время советую тебе ездить на экскурсии, и ты познакомишься с достопримечательностями Москвы.

연습문제 6

1 На прошлой неделе Марина сняла квартиру.
Марине очень нравится эта квартира.
В ней есть вся необходимая мебель и бытовая техника.
И дом находится недалеко от университета.

2 Джон где-то потерял студенческий билет, поэтому ему надо оформить новый (студенческий билет).
Он пришёл в деканат и спросил секретаря, что нужно для оформления студенческого билета.
Секретарь ответил, что ему нужно принести две фотографии и заполнить анкету.
Джон сможет получить новый студенческий билет через два дня.

3 Эрику надо продлить визу.
Его виза действительна до первого марта, а сегодня пятнадцатое февраля.
Эрик пришёл в международный департамент и спросил, что нужно для продления визы.
Секретарь ответил, что Эрик должен принести в визовый отдел паспорт и фотографии.

제 12 과

연습문제 1

1 В прошлом году мы ездили в Петербург на неделю.

2 Мы отдыхали в Петербурге неделю.

3 Миша готовился к экзамену 4 дня, он взял у Антона книгу по физике на 2 дня.

4 Я жил в гостинице неделю.

5 А мы сняли гостиницу на 5 дней.

6 - Ты был в сауне 4 часа?
- Нет, я ходил в сауну на 2 часа.

7 Завтра в наш город приедут артисты русского балета на месяц, а в прошлом году они были здесь 2 месяца.

8 Вчера на дороге была большая пробка, отец ехал на работу час.

연습문제 2

1 На какое время профессор уехал в Россию?

2 Как долго ты был в России?

3 В Москве ты жил в гостинице? Как долго?

4 Ты остановился в гостинице? На какой срок?

5 Ты занимался в библиотеке? Как долго?

6 На какой срок ты взял словарь в библиотеке?

7 Эти книги дал тебе Сергей? На сколько?

8 Ты говорил с Сергеем по-русски? Как долго?

연습문제 3

Георгий приехал в Петербург и решил остановиться в небольшой гостинице «Нева». Он сказал администратору, что ему нужен одноместный номер на 3 дня. Администратор предложил ему номер на пятом этаже. Георгия устроил этот номер, и он заплатил за него 2400 рублей. Администратор объяснил, где находится номер. Георгий спросил администратора, где можно обменять доллары на рубли. И администратор ответил, что в гостинице есть обменный пункт, который находится справа от главного входа и работает круглосуточно.

연습문제 4

Г- Гость, А - Администратор

Г: Я хотел бы поменять номер.

А: А что случилось?

Г: В моей комнате прохладно, потому что не работает обогреватель.

А: Так, сейчас я вызову мастера, он отремонтирует или поменяет его. Какие ещё неудобства?

Г: Окна моего номера выходят на скоростную трассу, поэтому очень шумно и днём, и ночью. Я хотел бы более тихий номер номер с видом на горы.

А: Извините, но такой номер стоит немного дороже.

Г: Сколько (стоит такой номер)?

А: 2000 рублей.

Г: Меня устраивает.

А: Тогда я поменяю вам номер, вот, пожалуйста, ключ от номера 411, он находится на четвёртом этаже, из окна открывается прекрасный вид на горы.

Г: Большое спасибо.

연습문제 5

1. Брат играет в бейсбол/на гитаре
2. Олег занимается баскетболом/музыкой/русским искусством …
3. Я не интересуюсь политикой/спортом …
4. Максим извинился перед учительницей за опоздание/за то, что не сделал домашнее задание.
5. Мы поблагодарили родителей за помощь/за то, что они всегда дают нам хорошие советы.
6. Раньше я мечтал стать журналистом, но теперь хочу работать в банке экономистом.
7. Мила попрощалась с Ниной и пошла домой.
8. Сестра приготовила вкусный ужин, который мы съели с аппетитом.
9. Сестра подготовилась к экзамену, я думаю, что она получит высокую оценку.
10. Юрий встретил одноклассника, которого не видел несколько лет.
11. Юрий встретился с друзьями, и они вместе поужинали в итальянском ресторане.

연습문제 6

1. Я сняла номер в гостинице «Москва».
   Мой номер находится на пятом этаже.
   В номере есть большая кровать, стол, стулья, шкаф, холодильник и телевизор.
   Из окна открывается прекрасный вид на Кремль.
2. Джон сказал администратору, что в его комнате не работает холодильник.
   Кроме того, Джону не нравится вид из окна, потому что окна его номера выходят во двор.
   Джон попросил администратора поменять номер.
   Администратор дал ему другой номер с видом на море.

제 13 과

연습문제 1

1. поменять
2. отменить
3. изменились
4. поменять
5. обменять (поменять)
6. изменила (поменяла), изменить (поменять)
7. изменилось
8. изменить (поменять)

연습문제 2

1. - Привет, Таня! Это ты? Я тебя не сразу узнала. Ты хорошо выглядишь! Ты похудела, изменила причёску и стиль одежды.
   - Спасибо, Вера. Сначала я поменяла работу, а потом решила поменять имидж.
   - Тебе очень идёт этот имидж!
2. - Привет, Саша! Я тебе вчера весь день звонила, но ты не отвечал. Что случилось?
   - Привет, Игорь, дело в том, что у меня

изменился номер.
- А что случилось?
- Два дня назад я потерял свой смартфон, поэтому мне пришлось купить новый.

연습문제 3

На каникулах я ездил(а) в Японию. Перед поездкой мне надо было обменять воны на иены. Я пошёл (пошла) в банк. Сначала я спросил(а) служащего банка о курсе воны к иене (Сначала я спросил(а) служащего банка, какой курс воны к иене). Служащий ответил, что одна иена – тысяча вон, и спросил, какую сумму я хотел(а) бы поменять. Я ответил(а), что хочу поменять миллион вон. Служащий попросил у меня мой паспорт. Я дал(а) ему паспорт и воны. Служащий посмотрел мой паспорт и вернул его мне. Через несколько минут я получила иены, служащий попросил меня посчитать их.

연습문제 4

1. Да, я иду в посольство, мне надо оформить визу, потому что я собираюсь поехать учиться в Москву.
2. Я хотел бы обменять пятьсот долларов на рубли. Какой сегодня курс?
3. Я советую тебе ещё раз хорошо посмотреть везде, если не найдёшь, тебе надо пойти в полицию и оформить новый паспорт.
4. Если тебя не устраивает твоя группа, тебе надо поменять её. Я советую тебе сказать об этой проблеме декану.
5. Я знаю, что многие студенты подрабатывают, потому что им нужны карманные деньги. Но я не хочу подрабатывать, я думаю, что работа будет мешать мне учиться.
6. Ты постоянно просишь меня помогать тебе. Ты почти ничего не делаешь сам. Я думаю, что это не очень хорошо, ты должен всегда всё делать сам.
7. Недавно моя мама серьёзно заболела, нам нужны деньги на лечение. Поэтому родители не хотят, чтобы я учился в магистратуре, они просят меня найти работу и помогать семье.
8. Один евро – 60 рублей.

연습문제 5

1. Саша, я до сих пор не смог купить учебник по истории, в нашем университетском книжном магазине его нет. Дай мне, пожалуйста, свой учебник, через два дня я тебе обязательно верну его.
2. Ваня, я слышал, что ты собираешься поехать на Чеджу. Я советую тебе там обязательно подняться на гору Халласан. Для этого тебе надо взять с собой удобную одежду и горные ботинки, тогда ты сможешь без проблем подняться на эту высокую гору.

연습문제 6

1. Брат обменял корейские воны на евро.
2. Лариса изменила причёску/имидж/свою жизнь…
3. Тебе надо поменять группу/ручку…
4. Я собираю корейские открытки/марки…
5. Я собираюсь поехать в Италию.
6. Окна выходят во двор/на площадь…
7. Я хочу номер с видом на лес.
8. Обязательно возьми с собой очки от солнца/младшего брата.
9. Давай не будем ссориться/ Давай не поедем на стадион.
10. Мне надо отменить встречу с друзьями, потому что у меня появилась срочная работа.

제14과

연습문제 1

С: Соня, П: подруга Сони

П: Соня, я слышала, что ты собираешься поехать в Париж и сегодня ходила в турфирму.

С: Да, я была сегодня в известной турфирме и получила информацию о поездке.

П: Сколько стоит такая поездка?

С: Примерно тысячу пятьсот долларов.

П: А что входит в стоимость?

С: Авиабилеты, проживание в гостинице, экскурсионная программа, питание – завтрак и обед.

П: А какая гостиница?

С: Трёхзвёздочная, недорогая, но комфортабельная, она находится недалеко от центра города.
П: Какая экскурсионная программа?
С: Будут экскурсии в Лувр, на Эйфелеву башню, в национальный музей, в музей французского вина
П: А когда ты собираешься поехать? И как долго будешь в Париже?
С: С пятого по десятое февраля.
П: Желаю тебе хорошо провести время в Париже!

연습문제 2

1. Да, я была в Японии с восемнадцатого по двадцать шестое октября. Мне очень понравилась поездка и понравилась Япония. Я увидела много достопримечательностей и попробовала много японских блюд.
2. В стоимость входят авиабилеты, проживание в гостинице, завтрак и экскурсионная программа.
3. Я хотел бы поехать в Китай, я никогда не был в Китае, поэтому хочу посмотреть эту страну. А ещё мне очень нравится китайская кухня, я смогу попробовать разные китайские блюда.

연습문제 3

А: Антон, С: сотрудник турфирмы
С: Алло! Туристическая фирма «Восток». Добрый день, слушаю вас!
А: Здравствуйте, я собираюсь поехать в Китай в Пекин на 7-8 дней, я хотел бы задать несколько вопросов.
С: Пожалуйста, задавайте!
А: Скажите, сколько стоит такой тур, и что входит в стоимость?
С: Такой тур стоит примерно 600 долларов, в стоимость входят авиабилеты, проживание в гостинице, экскурсионная программа и питание – завтрак и обед.
А: А какая экскурсионная программа?
С: У вас будут экскурсии во Дворец императора, в самые известные буддийские храмы, в национальные музеи и парки, на Великую Китайскую стену. А когда вы планируете поездку?
А: В начале августа.
С: С первого по седьмое августа вас устроит?
А: Да, устроит.
С: Тогда вам надо принести документы для оформления визы и заплатить за тур.
А: Хорошо, я зайду к вам через 2-3 дня.

연습문제 4

1. передумал (раздумал)
2. придумаем
3. думаешь (задумался/задумалась)
4. обдумать
5. подумать

연습문제 5

1. Да, я собирался жениться, но раздумал. Директор фирмы хочет, чтобы я поехал работать в Китай на 2 года. Но моя невеста не хочет ехать со мной в Китай. Мы поссорились и расстались.
2. В последнее время у меня появились проблемы. И я всё время думаю, как решить их. Наверное, мне надо посоветоваться с кем-нибудь.
3. Да, мой брат – студент. В прошлом году он кончил школу и поступил в университет на юридический факультет.

연습문제 6

1. Правда? А я думала, что ей 30 лет. Она очень молодо выглядит!
2. Правда! А я думала, что она вышла замуж за Сергея, они познакомились в университете и дружили несколько лет.
3. Правда? А я думала, что она американка, потому что она свободно говорит по-английски, и у неё хорошее произношение.
4. Какой скучный фильм! Я думала, что он интересный.
5. Нет не слышала. Я думала, что она поехала в Москву.
6. Нет, не слышал, я думал, что мы поедем на экскурсию во Владимир.

연습문제 7

1. А я думал, что он хочет поступить на

факультет журналистики, потому что раньше он всегда говорил, что хочет стать журналистом.

2 А я думала, что она хорошо говорит по-корейски, потому что она учится на факультете корейского языка.

3 А я думала, что ему нравится Мила, потому что он часто приглашает её куда-нибудь: в кино, в театр, в кафе.

4 А я думал, что ему больше всего нравится футбол, потому что он часто играет с друзьями в футбол на нашем стадионе.

연습문제 8

М: Максим, И: Игорь
М: Игорь, я вчера прочитал в газете, что турфирма «Фантазия» предлагает недорогие туры в разные страны. Я позвонил в турфирму и спросил о семидневном туре в Египет. А ты не хочешь поехать со мной?
И: Сколько стоит такая поездка?
М: 580 долларов
И: А что входит в стоимость?
М: Авиабилеты, экскурсионная программа, гостиница, питание — завтрак и обед.
И: А ужин за свой счёт?
М: Но фирма предлагает скидки молодым людям до 25 лет.
И: Сколько процентов?
М: 10.
И: Ну, хорошо. Давай поедем вместе.

제 15 과

연습문제 1

Я сказала Свете, что обещала прийти к ней сегодня.
Света сказала, что ждёт меня в 4 часа.
Я извинилась (перед Светой) и сказала, что не смогу прийти.
Света спросила, что случилось.
Я ответила, что сегодня из Петербурга к нам приедут бабушка и дедушка. Папа не сможет встретить их в аэропорту, поэтому попросил меня поехать в аэропорт и встретить их. И я ещё раз извинилась (за то), что так получилось.
Света сказала, чтобы я не волновалась, и что всё нормально, мы увидимся в другой день. / Света попросила меня не волноваться и сказала, что всё нормально, мы увидимся в другой день.
Мы попрощались.

연습문제 2

1 На прошлой неделе сын пообещал маме, что всегда будет возвращаться домой до двенадцати часов.

2 Но сегодня он вернулся в час.

3 Сын сказал маме, что он до одиннадцати часов занимался в библиотеке, готовился к экзамену.

4 А когда ехал домой на автобусе, на дороге была большая пробка.

5 Мама сказала сыну, что она очень волновалась.

연습문제 3

1 Анна, я обещала тебе завтра помочь заполнить анкету для получения визы, но я не смогу, извини, пожалуйста. Дело в том, что моя собака заболела, поэтому завтра я повезу её в ветеринарную клинику. Давай встретимся послезавтра утром, и я помогу тебе.

2 Извини, Катя, я не смогу завтра пойти с тобой в агентство недвижимости, потому что мама попросила меня поехать к дедушке, который заболел. Давай пойдём в другой день. В среду тебе удобно?

연습문제 4

1 - Да, ты прав, недавно он стал чемпионом нашего города по бадминтону.
- Нет, ты не прав. Виктор сказал мне, что он хорошо играет в теннис, а в бадминтон – плохо.

2 - Я согласна с тобой, и все студенты нашего факультета так говорят. Многие молодые люди хотят дружить с ней.
- Нет, я не согласна с тобой. Я думаю, что Марина красивее, чем Наташа.

3 - Ты прав, на берегу Восточного моря больше красивых мест.
- Нет, я не согласен. Восточное море холоднее, чем Западное, а я не люблю плавать в холодной воде.

4 - Да, я согласен с тобой, почти все мои друзья и знакомые болеют за эту команду.
- Нет, ты не прав, самая популярная команда
- «Дэу». Вчера я прочитал об этом в газете «Спорт».

연습문제 6

1 Мы попрощались с друзьями и пошли домой.

2 Профессор объяснил грамматику. /Профессор объяснил, как надо готовиться к экзамену. / Профессор объяснил, почему я получил на экзамене невысокую оценку.

3 Сергей объяснил, почему он не сможет пойти с Катей в парк.

4 Мы с Милой договорились в субботу пойти на фотовыставку.

5 Сын пообещал отцу получать только высокие оценки.

6 Дети убедили маму в своей правоте. / что лучше поставить диван справа от шкафа.

7 Студенты обсуждают планы на лето.

8 Я не смогу выполнить это обещание, потому что у меня появились срочные дела.

9 Я не смогу выполнить это обещание, поэтому позвонил другу и извинился перед ним.

10 Все студенты хотят получать только высокие оценки

11 Все студенты хотят, чтобы семестр быстрее закончился.

연습문제 7

1 Да, я поеду на поезде. Он идёт до Пусана 2 часа. Обычно когда я еду на поезде, (я) слушаю музыку или читаю. Иногда я просто сплю.

2 Я стараюсь всегда выполнять свои обещания. Но иногда не получается.

3 Я пообещал младшему брату, что подарю ему на день рождения новый смартфон.

4 Я договорился с Иваном встретиться завтра около общежития. / Я договорился с Иваном, что он познакомит меня со своей однокурсницей Мариной, которая мне очень нравится.

실속 100% 러시아어 중급 회화 2

초판발행	2018년 12월 28일
초판 2쇄	2021년 3월 19일
저자	안지영, 갈리나 부드니코바
책임 편집	권이준, 양승주
펴낸이	엄태상
디자인	진지화
조판	이서영
콘텐츠 제작	김선웅, 김현이
마케팅	이승욱, 전한나, 왕성석, 노원준, 조인선, 조성민
경영지원	마정인, 조성근, 최성훈, 정다운, 김다미, 오희연
물류	정종진, 윤덕현, 양희은, 신승진
펴낸곳	랭기지플러스
주소	서울시 종로구 자하문로 300 시사빌딩
주문 및 교재 문의	1588-1582
팩스	0502-989-9592
홈페이지	www.sisabooks.com
이메일	book_etc@sisadream.com
등록일자	2000년 8월 17일
등록번호	제1-2718호

ISBN 978-89-5518-582-9(14790)